日本名城巡禮

重返戰國風華，建築×歷史×文化×旅遊

黃昱凱・著

推薦序

前行政院長、交通大學講座教授　毛治國

　　昱凱在2007年就出版過《日本城郭導覽》，2019年又再接再勵出版《日本名城巡禮》，一個交通大學畢業的運輸專業管理學博士，會對日本城郭這般痴迷，並深入研究箇中門道，確實令人佩服。

　　我個人對於日本的歷史與文物一直頗感興趣，又因為大學時代唸的是土木工程，所以對於規制嚴謹、造型典雅的日本城郭一直抱有高度好奇心，但卻未能真正下定決心去研究它們。昱凱幫大家做了很好的功課，讓對這個題目有興趣的讀者，可以很有系統地循序進入歷史的場景，在作者兼具理性精確與感性溫度的文筆嚮導下，遍訪日本名城、神遊這些著名的城郭。

　　從書中我們可以充分感受到作者有多麼著迷於日本城郭。他把日本著名的城郭，包括如五國寶、三大名城以及許多具有特色城郭的資料，按照歷史事件、建築形式、保存現狀、賞城重點的順序，予以鉅細靡遺地整理出來，讓人讀來歷歷在目，彷彿親臨現場一般！

　　城郭東西方皆有，但各有歷史背景。日本城郭是當年各地藩鎮領主們所建具有軍事防禦作用的歷史建築。書中的日本築城簡史，使我們瞭解日本的城郭依照年代與需要性，發展出了不同功能別的

特色建築，加上日本人樂於也善於保存的民族性，確實為人類留下了許多寶貴的文化遺產；對於已毀壞的古蹟，日本人也致力於重建或修復，也因此城郭對日本人來說不僅僅是一座座歷史史蹟，也是一直存在於當代居民的日常生活中的一種世代相傳，難以抹滅的共同記憶。

　　歐洲大陸所存在的城堡，大多也都是過去封建貴族在各自勢力範圍內所建的行政與軍事建築，背景上與日本城郭相近，至今還有如新天鵝堡、克里姆林宮等許多藝術性很高的古蹟留存，並且也是現代許多人的旅遊重點。但中國境內的城郭多毀於戰火或因喪失功能而被拆除，目前除了北京與瀋陽故宮外，即使是保存完整的山西平遙古城，也與日本城郭與歐洲城堡不能相提並論，因為它只是一座行政官衙所在的縣城，沒有專為「封建城主」所建的生活與辦公的雄偉核心建築群，天空線的最高點只是一座座城門樓而已。

　　歷史資產的保存早已是世界各國主要的政策。交通大學台北校區前的北門城樓，早年在有心人士的奔走呼籲下終被列為一級古蹟，使這一座落在忠孝西路、博愛路、中華路、延平北路數條道路夾縫中生存的承恩門，成為整個老台北府城唯一還保留當年原貌的古城樓。一個都市具有歷史意義建築的保存，所保留的不只是這個城市一段段的時代記憶，也為都市累積了一層層的文化底蘊。不過，歷史建物的保存，如何在原狀保留與適當活化之間取得專業上的平衡，是一門很大的學問。我們現行的文資法多偏重在歷史建物的指定，但因為缺乏配套的養護政策與經費來源，以致許多建物一被指定，就只能眼看它日益腐朽而使不上力，反而戕害了要保全它們原意。這方面的政策與做法，日本經驗有許多值得我們借鏡與參考的地方。

推薦序

考試院考試委員　馮正民

　　我是黃昱凱博士在交通大學博士論文的指導老師，黃博士畢業後我們仍一起共同研究許多課題。我早聞黃博士喜歡至日本旅遊，也拜讀過他撰寫出版的「日本城郭導覽」一書，今天我很高興見到黃博士能將這幾年來有關城郭研究的內容集結成第二本書。歷史資產的保存與活用是世界各國文化與觀光發展努力的目標，近年來台灣在文化資產保存的工作受到很大的關注，也獲得很多的成果。但有關國民對歷史資產保存的認知與態度還是有待努力。以國寶兩個字而言，日本認為國寶的「國」這個字是國民的意思，但台灣仍有許多人會直覺認為國寶的「國」是國家的意思，這些認知與態度或多或少都會影響一個地方對文化財保護的看法。以台灣過去都市發展的歷程來看，當保存與開發兩個議題發生衝突時，歷史資產常因市場價值較低而被犧牲。其實保存與開發的議題是可以取得平衡的。在這方面，日本歷史建築的保存觀念與作法就值得台灣借鏡，日本城郭歷雖經江戶幕府的一國一城令、明治維新的廢城令以及第二次世界大戰等事件的破壞，現存的日本天守閣只有十二座。然而，日本在二次大戰後重新思考文化保存在新時代的歷史意義，並開始在各地進行城郭的復原工作。目前在日本各地幾乎都可以看

到城郭的復原成果，除了有名城百選的活動外，也積極修復既有城郭，並建設新的城郭，如位於大阪的尼崎城就是平成最後新建城郭的代表案例。黃博士這次針對日本城郭所集結出版的書，相信對於喜歡日本旅遊與歷史文化的讀者而言，都會是一本值得收藏的案頭書。

推薦序

日本大學客座教授、台灣日本大學校友會名譽理事長　徐淵靜

　　黃昱凱博士畢業於國立交通大學管理學院，黃君就讀博士期間曾修我所開授之課程，我亦擔任其博士資格考之召集委員，黃君畢業後曾服務於中國科技大學行銷流通管理系，當時我也由交通大學退休並在同一個單位任教，算起來黃君與我除了有師生情誼外，也有同事緣分。我對於黃教授在日本城郭以及日本戰國歷史等領域具有濃厚的興趣印象深刻，有關日本城郭的研究也有專書出版，是台灣極少數研究日本城郭的學者之一。近年來黃教授的研究重心之一是探討歷史建築物於現代都市環境中的意義，並曾經獲得日本交流協會招聘活動的肯定，於2015年夏天前往日本東京針對日台歷史建築物的保存與活用等議題進行研究。目前歷史建物的保存與活用等議題在台灣已經逐漸受到重視，可惜有關歷史建物的保存與活用上的研究仍屬少見，特別是針對日本在古蹟保存的制度與成果進行的探討更是少見。因此我認為黃教授這本書，對於台灣在歷史建物的保存與活用等發展方面具有相當重要的參考價值。很高興看到黃博士這本書的出版，我也相信藉由許多努力來增進台日兩國在歷史文化建物保存的理解與合作，將會讓台灣能進一步藉由日本的經驗來發展台灣歷史文化建物的保存策略。

 推薦序

日本大學名譽教授、中國科技大學講座教授　阿部　忠

　　日本は、長い歴史のある国です。その歴史遺産の中で、最も特色ある建築物の一つが、「城郭」であると言っても過言ではありません。城郭は、明治維新や第二次世界大戦の際に破壊されましたが、日本国民の文化遺産であると同時に、観光的な役割も担うことから、戦後、広くその復元が行われました。また、日本国民は、自国の文化遺産を重視しており、現存する城郭は12ヶ所ですが、各地に復興天守閣や、復元天守閣が存在します。こうした城郭は、現地の歴史文化を伝承しているだけでなく観光発展にも大きなプラスの側面を持っています。

　　台湾は、過去に清朝及び日本の統治を受けました。そのため、原住民の建築物以外に、中国風の建築物(台北・北門城門)、或いは日本統治時代の建築物(西門町・紅楼)が見られ、消すことのできない台湾の歴史を物語っています。しかし、現代都市の発展過程で、これらの歴史的建築物の重要性は軽んじられ、国民もそれらが貴重な文化財であるとは意識しませんでした。こうして、多くの建築物が、適切に保存されることはなく、当然のことながら、歴史文化財の活用や歴史文化財の現代都市建築における意義について、話し合われることはありませんでし

た。これは、台湾の都市現代化の発展過程で、改善が待たれる点であります。

　歴史資産の保存は、世界各国が努力している目標の一つです。台湾において、文化資産の保護は行われているものの、歴史資産の保護に対する認識は、まだまだ不十分です。特に、都市において、保存と開発が競合する時、歴史資産保存の市場価値は、往々にして低く想定され、犠牲にされてきました。しかし、歴史的建築物が市場競争力を持たないからといって、存在価値がないと決め付けることはできません。この点、日本の歴史建築物保存の現状は、我々の参考に値します。日本の歴史建築物の保存の経験を参考にすることは、台湾にとって非常に有益です。

　黄博士は、2015年に日本交流協會の奨学金で日本に短期留学するために来日しました。私は2015年に日本での黄博士の短期研究の共同研究者であり、その後、日本の都市の保存に關する論文を発表しました。黄博士が日本の文化財の保存と利用に關する本を出版したことは非常にうれしく、この本は日本の都市の発展と保存を理解したい読者にとって役立つ本になると思います。

　　日本是一個歷史悠久的國家，而城郭可以說是最具代表性的日本建築型態之一。雖然日本城郭在明治維新與第二次世界大戰期間遭遇到大規模摧毀的命運，但由於城郭具有保存日本歷史文化與振興旅遊的意義，因此日本在戰後也進行許多的修復工作。日本現在還保有原始樣貌的城郭共有十二座，也被稱為十二座現存天守，這些現存的文化財對於保存當地的歷史和文化以及地方創生與文化發展都有正面且重要的積極意義。

　　台灣過去曾經歷清朝和日本統治，因此，除了本土建築外，還可以看到中國風格的建築（如台北的北門城門）或日本時代的建築（如西門町的紅樓）。然而在現代城市的發展過程中，有些歷史建築的重要性被低估，加上有些民眾並未有意識到它們是寶貴的文化資產，造成許多歷史建築就在都市更新的道路上被犧牲了。

　　保存歷史資產是世界各國追求的目標之一，近年來台灣的文化資產雖有獲得保護，但我觀察到一般民眾對歷史資產的保護意識仍然不足。尤其是在都市發展的過程中，歷史資產的價值往往被忽略。在這方面，我想日本在文化財的保存與活化就可以讓日中交流文化財保存與活化時的參考，同時也希望日本的經驗能對台灣保存歷史方面的工作能有所幫助。

　　黃博士於2015年來到日本，在日本交流協會的資助下赴日進行研究，而我是黃博士當年在日本進行研究的共同研究者，後來我們更聯合發表了一篇有關日本城郭保存與活用的論文。我很高興黃博士出版了一本有關日本文化財保存和活用的書，我認為這本書對於希望了解日本城郭的發展和活用的讀者會很有助益。

 自序

　　在人類文明發展的過程中，城郭興建的主要目的大都是為了滿足軍事、政治的目的，但由於國情的不同，中國、日本與歐洲目前城郭保存的現狀不盡相同。中國的城多為木造，且每當朝代更換時變會毀於祝融之手，現在北京故宮原先是明朝的宮殿，後歷經清朝與民國的統治均沒有被燒毀因此能保存至今，不過內部的文物大都已經移到台北的故宮博物院。至於歐洲則是在九世紀開始出現簡略的木造城堡，歐洲並在十字軍東征時達到城郭建築的高峰。不過歐洲的城郭在火砲被廣泛應用到戰事後便開始式微，一方面城郭的結構無法抵擋火砲的攻擊，另一方面王室權利的擴張也對於地區性的城郭產生不信任的心態。目前歐洲還保留的著名城郭包括烏克蘭位於克里米蘭半島的燕子巢古堡、俄羅斯的克里姆林宮、波蘭的弗龍堡、德國的新天鵝堡、西班牙的阿罕布拉宮、法國的皮耶楓城堡與於澤城堡以及英格蘭的班堡。

　　日本城郭與歐洲城郭在防禦功能的概念上完全相反，相較於歐洲城郭防禦功能的不足，日本城郭反而是因應戰事以及統治的需求而逐漸完成其城郭的輪廓。日本的戰國時代（西元1520～1620左右）可以說是城郭興建的全盛時期，此時除因各地群雄並起，對於城郭的需求有了實際上的需要，另一方面，築城技術的發達以及火砲等武器的使用，這些都是日本城郭的發展能於此階段達到成熟的

因素。因此日本城郭便發展出類似天守閣、御殿、櫓等較為特殊的建築，而在其天守閣以及門等建物，還可以看到受到唐朝時期所影響的建築風格，唐破風、唐門等。

學生時代的我常想為何在四百年前，中國的發展還領先日本許多，為何四百年後的日本，在各個領域都可以說是中國追趕的目標。在心存遲疑時，無意中與好友世羅由樹迷上日本的戰國歷史（該友人目前在東京工作），進一步理解到日本的首都東京在戰國初期還是個沒有開發的地區，若非有德川家康在關東地區的經營，並在江戶（現在的東京）開創幕府，現在的東京還未必會是日本的首都呢。由於對於日本戰國歷史及其人物的喜歡，不知不覺就轉移到現在仍然存在的城郭了。不論是欣賞大阪城、犬山城或是岐阜城，似乎都可以感受到當時發生在日本戰國時期的事蹟，以及戰國武將的奮戰精神。難怪有人說他可以一整個下午坐在犬山城的天守閣，一面望著木曾川，一方面讓思緒與過往的歷史連結，就讓自己慢慢的享受這樣的感受。

現今日本的中部、關西一帶可以說日本戰國時期的政治中心、著名的戰國三英傑（織田信長、豐臣秀吉以及德川家康）都是出生在現今的日本中部（愛知縣），因此想要進行一次日本城郭之旅的最理想地點最好就是選擇名古屋或是大阪為中心，所幸現在的新幹線已經將在兩個地方的旅行時間大大的縮短（約七十分鐘左右的車程），因此我們只要規劃五天四夜日本自由行，就可以輕鬆的欣賞日本城郭之美。在日本有所謂的三大名城，分別是大阪城、熊本城以及名古屋城，三名城的共同點就是規模巨大。除了熊本城不在日本本島外，其他兩座城郭分別位於大阪府以及名古屋市，另一座聲名遠高於這三大名城之上的城郭便是位於兵庫縣的姬路城。除了

三名城之外，日本現存的天守閣共有十二座，其中的姬路城、犬山城、彥根城、松本城以及松江城等五座天守已經達到日本國寶的標準，因此被稱為四國寶，而姬路城更是被聯合國教科文組織登錄為世界文化遺產。

其實日本是一個處處追求「精密與技術」的的國家，許多的領域都可以發現日本具有獨特的匠氣，這一點也可以在日本的城郭建築中體會到。城郭不論是在日本歷史或旅遊文化中，都扮演著相當重要的角色，如果你打算以自助旅行的方式去日本遊玩，那麼您一定要嘗試一次以城郭旅遊為主的自由行，可惜國內提供這方面資訊的書籍卻相對缺乏。本書除了介紹介紹欣賞城郭時必要的賞城資訊外，也提供城郭的歷史給讀者參考，知道一個地方的歷史往往會讓旅遊者在欣賞該地時有更深一層的體會與樂趣。喜歡日本旅遊的人，特別建議下次有機會到日本旅遊時，不要忘了去體驗一下日本城郭的精緻之美，看看別人的優點，想想我們的缺點。日本同樣歷經新舊時代的轉移，由德川幕府歷經明治維新來到現在的民主體制，日本的城郭可以保存至今，並賦予新時代的意義，那我們呢？

有次媽媽跟我說，她在猜是否因為我曾祖父的工作就是從事廟宇建築工作，因此我在不知不覺中也開始踏上與建築領域相關的道路，當然我的曾祖父（有妙）是實務的建築工作，而我則是喜歡探討日本城郭的建築。這本書的完成，要謝謝日本交流協會在2015年的支助，讓我得以有充足的經費與時間前往日本針對日本城郭進行廣泛的田野調查。為了紀念我的曾祖父黃有妙先生，本文特地將有些對於城郭的觀點以「有妙觀點」的方式來呈現，一方面有飲水思源的懷思，另一方面也藉此表達我對歷史文化傳承的重視。

目次

第七章　中國　戰火下的美麗與哀愁

第八章　九州　邁向維新之路的發源地

第一章
城郭欣賞見方

天守入口
TENSYU ENTRANCE

日本城郭的發展

〜〜〜〜〜〜〜〜〜〜

　　所謂的城郭，是用來為了防禦敵人攻擊所建築的防禦設施，最早出現類似城郭的建築設施可以追朔到南北朝時代，當時的城郭只是為了應付戰時的需要而用柵欄所圍起來的臨時性建築物。在文獻中，最早出現有關「城郭」這一名詞的記載是664年天智天皇建造在東北地區，為了與蝦夷族（現今北海道的原住民）的戰爭所建築的簡略城郭。到了中世（室町時代），城郭已經演變成為當地土豪的居城，城郭位址的選擇則是利用山麓的平坦部分，外圍也用壕溝來取代柵欄，這個時候，城郭也開始具有作為軍事與政治功能的雛形。由於石垣建築的技巧已經在戰國時期在逐漸成熟，因此築城位

▌世界文化遺產──姬路城

址也逐漸從山麓移到平地，平山城也是在此時出現。至於到了江戶末期，由於歷經百年的戰國亂世終於統一，因此城郭的主要功能就從軍事層面逐漸轉變為政治層面而成為城下町的中心，此時所建築的城郭都已經具備了天守閣、石垣、堀等，並加裝了砲台的防禦設施，因此平城便成為城郭的主流建築風格。

一般說來，城郭建築必須考慮到幾個因素，如是否具有天險的地形優勢？山岳、丘陵等外圍是否具有河川或是低窪的地形可以作為防禦城郭的天然屏障？是否位處在交通、政治的要衝？根據這些佔地條件的不同，我們可以將城郭分為山城、平山城、平城以及水城等等四種類型。

另外，我們如果從不同的城郭建造時期來看，在南北朝時期，山岳及寺院經常成為戰爭的中心，因此逐漸發展出選擇山岳的天險位置進行相關的防禦工事，這個時期的城郭建築是以山城為主。到了室町時代，山城的建築位址大都是以標高100～200公尺左右的山麓進行築城工作，這個時候，城郭也開始成為守護大名的居城。

到了戰國時代初期，各地的大名為了著手進行領土的統一工作，因此將家臣團、商人等集結起來便成為一項必要的工作，如此一來，原本山城建築的優勢便不再存在，相反的，對於平地的需求便大為增加，不過由於戰爭仍然不斷發生，對於基礎的防禦需求仍有必要，折衷的結果，以較低的山麓位置或是平緩的丘陵為城池的平山城便成為當時的主流。一般來說平山城的建築位址大都是以標高20～100公尺左右的山麓進行築城工作。

戰國末期到江戶初期可以說是大規模築城的時期，這個時候，由於各地存留下來的大名，其領土都因為戰爭勝利的緣故而大幅增

①│②│③

加，由於城郭作為軍事、政治等支配重心的角色逐漸加重，因此築城的要求重點也開始轉為對於行政效率的要求，此時平城、水城（水城是利用外濠的水來做為城郭的防禦工事）也就成為當時的築城主流。平城的主要特徵就是需要有大規模的石垣與堀等設施以強化城的防禦能力，因此平城的建築代表有能力動員其他大名來進行城郭的築城工作。豐臣秀吉所建築的大阪城可以說是第一座最具代表性的平城建築，爾後德川家康的名古屋城以及後來德川幕府在江戶開幕的江戶城，都是平城的代表城郭。

　　平山城與平城是日本近代城郭的建築特徵，如果以比較廣義的城郭定義來看，日本境內的城郭數量大約有25,000座左右，在這些城郭之中，絕大部分的建造時間都是集中在戰國末期的桃山安土時代到江戶初期的德川幕府時代。以歷史的角度來看，日本城郭大約歷經四個不同階段的事件而遭到破壞，第一個遭到破壞的時期就是

① 名古屋城　② 大阪城　③ 熊本城

安土桃山時期，安土桃山一方面是城郭建築的黃金時期（據統計這時期大約建築了有將近3,000座左右的城郭），在大量築城的同時另一方面卻也進行大量的廢城，並將廢城的材料轉為新城郭的建材（如名古屋的清洲櫓就是由清洲城移築的）。這一點有點像是便利商店在密度飽和後，雖然一方面還是持續開發新店，另一方面卻也開始不良店鋪的撤店工作。

到了大阪夏之陣後（1615），德川幕府開始執行「一國一城」的命令，被命令廢除或是進行整合的城郭大約有170座城左右，這是城郭發展史上第一個有計畫的大規模破壞事件。這個階段被迫廢城的包括高岡、松阪以及名護屋等數一數二的名城。在「一國一城」的命令頒布之後，凡是新城的建築或是舊城的改建都必須要有幕府的許可狀才可以進行，也因為這個原因，城郭的建築就因此停頓下來，而整個城郭的數量以及外觀也就以當時的樣子被保存到明

治維新時代。

　　明治維新代表原先以武士支配政治狀況的終了，由於城郭象徵德川幕府封建統治的象徵，因此新政府在明治6年（1873）開始對於城郭的存廢問題進行討論並頒行了廢城令，在明治7年～8年間約有三分之二左右的城郭強迫被廢除。進入了帝國主義時期後，廢城令除了一面持續進行外，一方面還將被廢的城郭相關建物作為當時的軍事設施，廢城令可以說是日本城郭最大規模的破壞事件。

　　日本城郭第四個破壞事件就是第二次世界大戰，日本由於軍國主義的抬頭而發動侵略戰爭，許多的城郭在美國主導的空襲中被燒毀，如岡山城、廣島城、福山城、大垣城、和歌山城、水戶城以及名古屋城等，其中廣島城更是遭島原子彈的侵襲而完全消失。

　　第二次世界大戰結束後，城郭因為具有代表各地鄉土的歷史遺產以及觀光資源等雙重功能而重新被獲得重視，因此在昭和初期，復興天守閣的計畫便開始進行，將原本被摧毀的天守閣、櫓、城門等建物的重建工作，因此，各地的城郭也陸陸續續的重建完成。重建時如果依據城郭原始的樣貌加以復原的稱之為復原天守（如廣島城），若原樣貌已不可考，重建後的城郭與原先的城郭並無關連的稱之為復興天守，第一座復興天守就是岐阜縣的岐阜城。因此，現在的日本境內的城郭可以分為現存天守、復原天守以及復興天守等三種類型，大部分的城郭都具有當地歷史博物館以及重要觀光景點等功能。

　　附帶一提的是，在進行城郭重建的工作時，有許多城郭的原始資料都已經不可考了。因此，變通的方法便是參考其他現存的城郭當作城郭重建的基礎，也就有所謂的現存天守與模擬天守之分，如

此一來，我們便會發現有些城郭彼此之間會有相類似的情形發生，如姬路城（現存天守）與勝山城（模擬天守）就是一個例子，相似的例子還有彥根城（現存天守）及藤橋城（模擬天守）等。

關於城郭還有一個有趣的現象，那就是所謂的**黑城**與**白城**。在豐臣秀吉時代，由於秀吉所建築的大阪城，其天守閣是以黑色的塗料進行塗漆的工作，而秀吉又是當時天下的實權統治者，因此其他有意築城的大名便很自然地起而仿效大阪城的築城風格。到了關原之役後，新式的白色防火塗漆被開發出來，德川家康為了獎勵這項技術，日後的城郭建築就以白色系為主。總結來說，黑色系的城可以說是屬於豐臣系且樣式較

▎復原天守——廣島城

▎現存天守——丸岡城

▎模擬天守——墨俁一夜城（仿大垣城）

古的城郭，而白色系的城則是屬於德川系且樣式較新的城郭，如岡
山城（黑城）與名古屋城（白城）就是一個例子。

　　日本人喜歡有所謂的三大，如三大三大溫泉：別府溫泉（大
分縣）、湯布院溫泉（大分縣）、伊東溫泉（靜岡縣）；三名園：
偕樂園（茨城縣）、兼六園（石川縣）、後樂園（岡山縣）等。因
此在城郭方面，日本的三大就多囉，如三大名城，分別是大阪城
（大阪府）、名古屋城（愛知縣）以及熊本城（熊本縣）；三大山
城：岩村城（岐阜縣惠那市岩村町）、高取城（奈良縣高取町）、
備中松山城（岡山縣高梁市）；三大平山城：津山城（岡山縣）、
姬路城（兵庫縣）、松山城（埼玉縣）；三大平城：江戶城（東京
都）、大阪城（大阪府）、名古屋城（愛知縣）；三大水城：高松

▎黑城-岡山城

城（香川縣）、今治城（愛媛縣）、中津城（大分縣）等。

　　城郭的建築步驟一般分為三個階段，第一的階段是「繩張」，也就是地形的選定與城郭的主要配置，這個階段主要與城郭本身的戰略規劃有著密切的關係；第二個階段是「普請」，這也是安土桃山時代建築平城的才有特徵，因為平城的建築並沒有像山城或平山城一樣有地理上的天然屏障，因此有關石垣、堀以及土壘等工事，就成為城主命令其他大名的主要工作；最後一個階段稱之為「作事」，主要負責櫓、門、屏、石落、狹間、天守閣與御殿的工事。

　　在築城的名人方面，加藤清正可以說是首屈一指的築城名人，著名的熊本城、名古屋城、江戶城等都是加藤清正的代表性城郭建築，日本三大名城就有兩座是出自加藤之手。除了加藤清正外，藤堂高虎（代表性的城郭有大州城、宇和島城、今治城、筱山城、上野城等）、黑田如水（代表性的城郭有中津城、福岡城），其他如荒木村重、小堀遠州、蒲生氏鄉、太田道灌、松永久秀等也都是頗有名氣的築城專家。

加藤清正

城郭基本知識

城的譜請

🗡 繩張

　　築城的第一個階段就是繩張的確定，繩張一詞源自於中國詩經篇的「經始」，有「開始工作」的意涵。繩張的主要工作便是有關地點的選定、規模以及形狀的規劃與配置。築城有所謂的「堅固三段」的基本思意念，而繩張就是要貫徹所謂的堅固三段的想法。堅固三段分別是指「國堅固的城」，意思是說城郭的地點必須是國內的政略要地；「所堅固的城」，是指城郭的周圍最好有天然的屏障來保護城郭，以及「城堅固的城」，也就是說城郭本身要有堅固的防衛措施。

❙ 濱田城繩張

　　除了選擇築城地點外，與繩張有關的軍事考量便是城郭本身的配置。前面我們提到過因為建築地點的不同可以將城郭分為山城、平山城、平城以及水城等四種，天守閣所在地的附近區域稱為本丸、依序往外推演分別稱為二之丸與三之丸，如果我們依據本丸、二之丸與三之丸以及天守閣、石垣、櫓等建築物根據不同的軍事目的進行不同的位置配置的話，不同的繩張可以將城郭分為輪郭式、渦郭式、連郭式、階郭式以及梯郭式等五種型式。其中輪郭式、渦郭式等兩種型式是以天守閣為中心，石垣、堀等防禦建築物以環狀的方式逐一建築。至於梯郭式、連郭式、階郭式等三種則是將防禦的工事根據天守閣所在地的需要，建築在天守閣的前方與後方，形成一個較為狹長形的地域，不過這五種城郭的型式只是屬於較為粗略的分類，實際城郭的型式是相當多樣化且複雜。繩張確定後也間接確立了城郭的規模。以豐臣式所築的大阪城以及德川氏所築的江戶城等兩大平城的繩張來比較，江戶城的外郭長度高達15公里，東西向最廣為5.5公里，南北向最長則為3.8公里；而大阪城的外郭長度為7公里，東西向最廣為2.2公里，南北向最長則為2.1公里。

石垣

　　石垣是近代的城郭建築才有的土木建築，較為古老的城郭建築因為大多屬於山城或是平山城，因此不需要類似石垣的防禦建築設施，但是平城因為普遍缺乏天然的屏障，因此人工的防禦工事便顯得相當重要，常見的石垣種類有龜甲積、落積、切石整層積、切石亂積、野石整層積、野石亂積、笑積、牛篣積等。

　　根據施工技術的不同可以將石垣分為「野面積」與「切石積」兩種，野面積是將石塊以原本的大小形狀不再進行加工就直接用在築城的工事上，在外觀上就會自然給人呈現出凹凸的感覺，若將石塊進行加工處理後再進行築城的工事，其外觀就會顯得較為平坦，是屬於切石積的施工法。

　　另外，如果根據石塊的堆積方法，則可以將石垣區分為「亂積」以及「布積」兩種，前者是不將石塊的大小、形狀等做事先的調整，而是視施工時的實際需求直接將石塊堆積而成，外觀顯得較為凌亂，後者則是施工前就先將石塊根據形狀、大小等不同條件進行分類，並有秩序的將相同條件的石塊逐一堆積而成，外觀顯得較為整齊。此外，一般也常根據石垣高度的不同分為高石垣（10間以上）、中石垣（7〜10間）以及小石垣（1〜6間）等三種，一間等於一點八公尺。

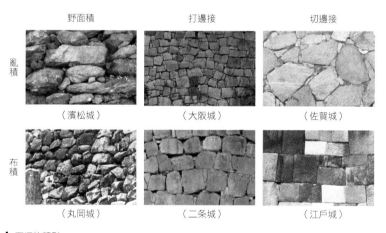

石垣的類型

　　由於平城的建築通常缺乏天然的屏障，因此石垣、堀與土壘便成為城郭防禦措施的基本三要件。而在譜請工作中，有關石垣的建築更是這三項防務工事中最為重要與吃力的部分，因此在建築石垣的過程，有些大名為了確保自己運送的石垣沒被其他大名侵佔，便會在自己搬運的石塊中刻上自己的家紋，最常見的石紋便是名古屋城，而名古屋城也有號稱日本最大單一城郭石垣的清正石，有時候石垣的來源不充裕，也會以其他的材料代替，如姬路城就有以石棺來當作石垣的材料。目前城郭中石垣規模最被稱著的便是熊本城，甚至在幕末的西南戰爭中，熊本城的高大石垣仍能抵擋新政府軍的火砲攻擊。

 ## 堀與土壘

　　除了石垣外，用來阻擋敵人入侵的高聳建物還包括土壘，一般土壘是用來阻止敵人入侵高牆後的第二波攻擊。為了加強土壘的防禦能力，都會在土壘上設置柵欄，或是在土壘的斜坡上設立尖銳的木樁，到了江戶時期，有些土壘也會結合一部份的石垣來強化防禦能力，如彥根城的土壘就是此一類型。

　　堀（也有人稱為濠、壕）是跟石垣、土壘一樣都是城郭重要的防禦建築設施之一。以堀的幾何橫斷面進行分類，可以將堀分為「箱堀」與「藥研堀」等兩大類型，箱堀是指堀的底部為平面結構，而藥研堀則是指底部結構具有突出的尖型構造。一般常見的城郭只會有一種堀的規劃，如江戶城的櫻田堀，松本城與廣島城本丸的水堀，而大型城郭則具有外堀與內堀，如大阪城與江戶城。

▌土壘－彥根城

▌水堀－廣島城

在堀的土木建築設施中填入水的話就稱為「水堀」（如松本城的堀），不填入任何東西則是稱為「空堀」如（名古屋城的堀介），於這兩者之間的的堀，有些是填入泥沼之類的東西，稱為「泥田堀」，有些則是非人力挖除而是利用天然屏障所形成的堀，如彥根城的堀切就是利用天然屏障將太鼓丸與西之丸分開所形成的堀。

城的作事

 ## 門

門是做為城的主要出入口以及門戶開閉的建築物，由於在整個城郭的建築來看，門是最有可能成為敵人攻擊己方時的弱點，因此在建築上便常常花費較多設計的功夫。常見的形式有冠木門、棟門、醫藥門、高麗門（具有朝鮮風格的切妻屋根為其主要特徵）、櫓門等。在

這些不同種類的門中，其中又以櫓門的規模最大最厚
重，從櫓門的構成形狀來看又可以分為多聞形櫓門以
及渡櫓形櫓門兩種類型。門的主體建築是使用巨大而
堅固的木板，木板周圍包裹著金屬，以加強其防禦能
力。通常，在發生戰爭的時候，門最主要的功能便是
要能有效發揮防衛以及出擊的兩項功能，其中，又
以防備為城門的第一要務，因此大手門（城的正門
稱為大手門）便具有相當的重要性。

▌廣島城大手門

櫓

　　所謂的櫓，是在城內各個要所用來儲存武器、糧食等所需的建築物，同時具有防禦的功能。櫓的構造有相當多種，一般以大小將櫓區分為「隅櫓」以及「多聞櫓」（多門櫓）等兩種。隅櫓也可以將之視為是單獨存在的小型天守閣建築，常見的有二重櫓以及三重櫓，與隅櫓相對應的則是多聞櫓，多聞櫓的建築特色是由數個細長而相互連接的櫓所組成，其廣大的占地範圍也具有防禦的功能。

▍熊本城多聞櫓

　　櫓因為建築的目的或是位置的不同而擁有各式各樣的名稱，底下是幾種常見櫓的分類及其對應名稱。

1. **以建築所在的方向來區方**：東櫓、西櫓、南櫓、北櫓、隅櫓、未申櫓、丑寅櫓、辰巳櫓、戌亥櫓、鬼門櫓等。

2. **以收納的目的來區分**：武具櫓、弓具櫓、鐵砲櫓、具足櫓、馬具櫓等。

3. **和戰爭無關卻與風花雪月較有關連的部分**：月見櫓、化妝櫓、富士見櫓、潮見櫓等。

4. **將被廢的城郭轉移到其他城郭繼續使用**：伏見櫓、清洲櫓、宇土櫓等。

 土屏、狹間、石落與御殿

　　從城郭的構造來看，一座城主要是由門、櫓、石垣、堀以及天守閣等建物所組成的，除了這些外，底下分別介紹土屏、狹間、石落與御殿等其他城郭建築設施，這些建物都是我們在欣賞城郭時特別值得注意的。

　　土屏通常是指區別本丸、二之丸或三之丸等的設施，經由土屏可以將城郭區分為數個區域，如金澤城的三之丸土屏或松本城的土屏，而熊本城外圍的長屏可以說是最著名的屏建物。此外，有些土屏只有紀念意義，如清洲城與熱田神宮都有信長屏，那是織田信長在桶狹間擊敗今川氏所奉獻的土屏，並沒有具備防禦上的軍事功能。

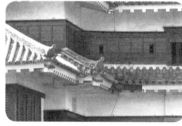

①	②
③	④

① 御殿－二条城御殿
② 土屏－熊本城
③ 狹間－松本城
④ 石落－清洲城石落
　的內部

　　狹間是指在天守閣、櫓、土屏等壁面上，開鑿一些洞穴讓弓箭或鐵砲來進行攻擊時所用的建物，使用弓箭攻擊的狹間稱為「矢狹間」，而使用鐵砲攻擊的則稱為「鐵砲狹間」。一般說來弓箭會以站姿為主，而鐵砲攻擊則以跪姿為主，因此矢狹間的高度約為75公分，會比鐵砲狹間的45公分為高。此外，矢狹間的形狀多為長方形，且比鐵砲狹間為大，而鐵砲狹間的常見形狀包括正方形的箱狹間、三角形的鎬狹間以及圓形的丸狹間等三種。

　　石落是指設置在天守閣、櫓、土屏或石垣等建物，將石塊利用地心引力來攻擊敵人的措施。石落依據外型可以分為跨腰型（如廣島城的天守閣）、出窗型（如名古屋城的西南櫓）以及戶袋型（伊予松山城的北櫓）等三種。

　　御殿則是近世（安土桃山時代）城郭才有的設施，主要是作為大名的居所。德川家康在慶長年間所建築的名古屋城，其御殿在當時是全日本規模最大的，可惜在二次世界大戰中因空襲被燒毀，目前的名古屋城仍保留御殿的遺跡，並在2018年重建完成對外開放。現存御殿最有名的是位於京都二條城的二之丸御殿，該御殿是在慶長八年時完工的，主要是用來當作幕府將軍前往京都時的居城。由於並不是所有的城郭都有御殿，因此現存的御殿便顯得很珍貴，其他現存的御殿包括川越城的本丸御殿、掛川城的二之丸御殿以及高知城的本丸御殿等。

天守閣

天守的歷史

　　天守的名詞最早出現在天文12年（1543）在「細川兩家記」中所記載有關攝津國伊芳丹城時，被用來描述以城郭為中心的建物。天守閣是由櫓所演變而來的，而最早出現的天守閣則有兩派說法，一種是認為天正7年（1579）由織田信長在琵琶湖畔所建築的安土城（滋賀縣）是最早出現的天守閣。另一派則認為松永久秀在永祿年間（1558～1569）在大和國所建築的多聞山城（奈良縣）的四層櫓為最早出現的天守閣。到了戰國末期，豐臣氏與德川氏紛紛建築華麗的天守閣，如豐臣秀吉的大阪城、伏見城聚樂第以及德川家康的名古屋城等。一般說來，自安土城之後所建築的天守閣，其軍事上的實用性已經大大的降低，取而代之的是以政治權威象徵為主要的建築目的。

▌層塔型天守－小倉城

▌南蠻造型天守－岩國城

安土桃山時期可以說是天守閣發展的黃金時期，爾後在元和元年（西元1615年）德川幕府頒布「一國一城」令後，許多天守閣被迫廢除或者不允許修復。而明治維新的廢城令以及第二次世界大戰的空襲，更使許多城郭遭到破壞的命運。直到二次大戰結束後，日本政府才開始進行城郭的功能定位並開始進行修復的工作。天守閣是日本近世城郭的象徵，可惜的是，因為歷經數年的戰亂與歲月的摧殘，現今日本境內真正以當時的樣貌保存下來的現存天守閣只有十二座，分別是彥根城、松本城、犬山城、丸龜城、高知城、松山城、宇和島城、備中松山城、丸岡城、松江城、弘前城與姬路城，現在這十二座天守閣都已經被日本政府指定為重要的文化財，其中，姬路城、彥根城、松本城、犬山城與松江城等五座天守閣更被指定為日本的國寶。

根據時代的變遷，天守閣的型式可以分為望樓型、層塔型兩種。慶長13年（1608）所建築的龜山城（京都府）是最早的層塔型天守閣，龜山城原先是明智光秀的據點，後來築城名人之一的藤堂高虎被轉封至此，將今治城大部分的建物轉運到新領地所建築的層塔型天守。除了這兩種天守閣之外，其他不屬於這兩種類型的天守閣統稱特殊造型的天守閣，如南蠻造型的岩國城天守閣，或者是復

古型（是指江戶中期以後，天守閣本身的構造是層塔型，但是外觀則是屬於望樓型的設計）的伊予松山城便是其中的例子。

　　一般說來，望樓型天守閣又可以分為「前期望樓型」與「後期望樓型」兩種，在關原之役前所建築的天守閣通稱前期望樓型，如安土城、岡山城、廣島城等。望樓型是天守閣最初出現的類型，這種型式的天守原本是以大型的櫓加以改建的，這種類型的天守閣主要的功能著重在戰術上的運用，其色系是以黑色系為主（如松本城、岡山城等）。之後，隨著築城技術的逐漸發達，高度較高的層塔型天守閣也開始逐漸的發達，此時天守閣的建築目的已經從軍事上的目的轉變到政治上，其色系是以白色（如名古屋城、姬路城等）為主。

　　在大阪夏之陣後所建築的天守通稱後期望樓型，如彥根城、松江城等。望樓型天守閣的最大缺點就是耐震度不佳，較容易因為地震而受損，如伏見城就是在一場地震中被摧毀。相對的，層塔型的主要優點之一就是有良好的耐震度，此外，層塔型天守的每一層建築物都比較具有一致性，不像望樓型的天守建築，其每層的建築風格就不一定相同。

▌初期望樓型天守-犬山城

▌後期望樓型天守-松江城

① ② ③

🦗 天守的構成

天守閣是近世城郭最為華麗的建築，天守的整體建築構成大多以五重或三重兩種型式來規劃，有的天守閣內部還有數階地下室的建築設計。天守閣常有幾重幾階的區分，以一個三重三階的岡崎城為例，就是由外觀來看，天守閣是屬於三層的建築物，而內部的設置也是一樣是屬於三層，早期的望樓型天守都是屬於這一種。而三重四階的彥根城就是外觀看起來是三層，但是裡面的設計卻是四層，一般說來，層塔型天守屬於此類型的機率較高，最特殊的例子是水戶城（層塔型天守），其第一階的內部就有三重的設計。

① 獨立式天守－彥根城　② 連立式天守－姬路城　③ 複合連結式天守－松本城

　　如果將一個大天守閣與小天守閣進行相關的設計規劃的話，我們可以得到五種常見的形式，分別是：

獨立式天守，只有一個大天守閣單獨存在（如丸岡城、彥根城等）

複合式天守，一個大天守與一個小天守連結在一起（如松江城、岡山城等）

連結式天守，一個大天守與一個小天守中間用渡櫓相連（如名古屋城）

複合連結式，一個大天守與兩個小天守彼此用渡櫓相連（如松本城）

連立式天守，一個大天守與兩個小天守彼此用渡櫓相連成一個環狀（如姬路城）。

上：彥根城的鯱
中：彥根城的突上戶
下：彥根城的唐破風

天守的意匠

天守閣本身就有許多的城郭專門用語，包括了破風、屋根、窗、迴緣、瓦、鯱等。一般說來，破風與屋根這兩種建築是最能表現出一個天守閣的主要特徵，最為常見的破風有四種，分別是千鳥破風、入母屋破風、唐破風與切妻破風，懸魚則是經常伴隨破風出現的裝飾性建物。至於在屋根方面，寄棟造（整面建築較為平坦）、切妻造（從上到下的建築面以些微彎曲的方式建築）、入母屋造（為切妻造的變形）等則是三種最為常見的型式。

天守閣的窗有幾種類型，如左右開啟的開戶（如犬山城）、上下開啟的突上戶（如熊本城）、花邊南蠻造型的華頭窗（如彥根城）以及格子造

型的半間窗（如姬路城）。

　　有些天守閣的最頂層是屬於開放性的結構，而迴緣則是用來防止人員跌落的建築措施，如廣島城、犬山城、清洲城等的天守閣都有迴緣的建物，而封閉式的天守閣（如名古屋城）則無此建物。有些迴緣會在櫓中出現，如松本城的月見櫓就有迴緣的設計。

　　瓦是天守閣屋頂的主要建材，早期的瓦都是土瓦，直到安土城使用金箔當作瓦的裝飾後，才開始有金屬瓦的構想。在關原之役後，銅瓦、鉛瓦等金屬瓦開始量產，不過由於造價很高，因此也只有德川氏的江戶城、駿府城（家康的退休居所）以及名古屋城等城郭有使用。雖然普通的瓦容易受到氣候的影響而變質，但是利用福井縣生產的石材所製成的瓦，具有耐用堅固的優點，名列現存十二座天守之一的丸岡城便是以利用此瓦所建築而聞名。

　　鯱最初是作為象徵防火的守護神獸，是一種魚頭獸身的想像動物（或稱靈獸），後來演變為城主的權力象徵。一般的鯱都是瓦製或銅製，即使是安土城或大阪城，其鯱也是在瓦上加上金箔的裝飾來顯現其貴氣，不過這樣的金箔裝飾大約只能維持20年左右就會受損。城郭史上最有名的鯱就是名古屋城上面的一對金鯱，一般城郭的鯱是沒有雄雌之分的，但是名古屋城除了有雄鯱與雌鯱的分別外，最主要的特點是該對金鯱是由純金打造的，聽說用純金打造的原因是怕德川尾張家日後要修理城郭時沒有經費，因此想到用金鯱來當作以後尾張家要修繕名古屋城時的經費。

第二章

東北篇
日本城郭的雪國故鄉

會津若松城

王城的護衛者

　　會津若松城位於日本福島縣會津若松市追手町，亦名
「鶴城（鶴ヶ城）」、「黑川城」或「會津城」，大河劇
《八重之櫻》就是以會津若松城為舞台。若松城在江戶前
期與幕府末期都遇到許多災難，尤其是在戊辰戰爭（1868-
1869；慶應4年／明治元年到明治2年所發生的明治新政府
與江戶幕府的內戰）所發生的白虎隊事件最令人感傷，這
個事件也讓會津若松城有了「王城的護衛者」的稱號，意
味著在幕府末年唯一大力支持江戶幕府的藩主。平成18年
（2006）4月6日，會津若松城被選定為「日本100名城」編
號第12號。

基本資料

別名：鶴城

所在地：福島縣會津若松市追手町1-1

電話：（0242）23-8000

種類：梯郭式平山城

築城者：蘆名直盛

築城年：1384年

歷代城主：蘆名氏、伊達氏、蒲生氏、上杉氏、加藤氏、
　　　　　　松平（保科）氏

遺跡：石垣、土壘、堀

天守閣：層塔式

最近車站：JR會津若松車站

　　會津地區在日本戰國初期可以說是一個不太受到矚目的地方，因為早期的目光都集中上杉謙信與武田信玄的戰爭，而戰國中期幾乎是織田信長的天下，等到戰國末期則是由豐臣秀吉與德川家康連番上場，後來在日本東北地區活躍的戰國末代霸主伊達政宗也才是個剛要領兵作戰的小毛頭（伊達政宗的初陣是在天正9年，當年才15歲，而織田信長此時距離統一天下只剩一步之遙）。在這個統一天下的劇本中，關西與中部才是主流的戰國舞台，四國、九州與東北都只是布景，且是不太起眼的布景而已，至於箱館戰爭（明治新政府軍和江戶舊幕府軍最後一次的戰爭）舞台的北海道，則似乎沒出現過在日本戰國的歷史中。

　　會津城的歷史可說是日本城郭中最具動態的表現，早期會津地區僅有一個東黑川館的建築存在著，由於當時會津地區是屬於蘆名氏的領地，直到至德元年（1384）才由第七代的蘆名直盛將東黑川館擴大，建築成新的城郭──黑川城。

　　天正17年（1589）時，織田信長因本能寺之變已經過世七年，七年後的豐臣秀吉歷經小牧－長久手戰役後成功讓德川家康歸順並擔任關白的職務，此時的秀吉頒佈了「惣無事令」命令，這個命令是規範關東和奧羽等地方的大名不得興兵攻打對方。但是每個時代就是會有白目的人，而這次白目的人就是在長期在會津地區具有影響力的蘆名氏。會津位處於日本東北的中心，具有十分重要的戰略地位，而北條氏、佐竹氏、蘆名氏與伊達氏則是該地區為布景而活躍於戰國舞台上。但因為隨著伊達政宗的成長，蘆名氏與伊達氏不斷為了爭奪會津地區而經常發生零星戰事，最後蘆名氏甚至無視豐臣秀吉的「惣無事令」命令發動戰爭，不幸的結果是蘆名義廣在摺上原之戰被伊達政宗所擊敗而逃到今天茨城縣常陸國，而一手擴建的黑川城也因為此次戰爭而落到伊達政宗手上。

　　天正18年（1590）豐臣秀吉為了統一日本而出兵小田原城，但這次白目的主角由蘆名義廣改為伊達政宗了。話說豐臣秀吉想要藉由發動小田原城征戰滅了北條氏來達到統一日本的目標，但是豐臣秀吉一直是一個多目標決策的擁護者，秀吉的算盤不但是要統一日本，還想要將德川家康趕離大阪遠遠的。因此就跟家康說這次的戰爭，你只要在旁邊看就好，戰爭的費用由我秀吉出，意思就是等戰爭結束後，我就把小田原與關東送給你家康，但是你在名古屋等地區的領地就要給我秀吉。但是「羊毛出在狗身上，豬來買單」這道理秀吉在幾百年前就知道了，因此戰爭的費用雖不用德川來出，但

是對其他大名而言，秀吉因為沒有要他們的領地，所以當然要出戰爭的經費囉。此時的伊達政宗就是苦主之一，不過因不明原因而短暫白目的政宗卻沒有當作一回事，直到家臣片倉小十郎的提醒下才出兵。戰爭結束後秀吉原本打算處死政宗，但在諸多考量下（德川家康也有幫政宗求情）只將政宗在會津一帶的領地沒收，沒入清單當然包括了剛拿到不久的黑川城，而黑川城也在小田原之役後改由蒲生氏鄉入主。

蒲生氏鄉在小田原之役後被秀吉賜予領有42萬石的黑川城主，而這個42萬石在實施太閣檢地後暴增到92萬石。突然有錢的蒲生氏鄉就在文祿元年（1592）將所居住的黑川城進行大規模的擴建，並在文祿2年（1593）完成一座五重五層（包括地下二層）的望樓型天守，並改名為「鶴城」。此外，蒲生氏鄉效法先前織田信長的作法建立樂市，並大力發展會津若松城，這些措施都對日後會津藩的經濟打下了穩固的基礎。

蒲生氏鄉雖然是改建會津若松城的重要推手，但卻在1595年於京都伏見城英年早逝，得年40。繼任氏鄉的蒲生秀行原本沒有得到秀吉的重視，並計畫沒收其領地，但是當時的秀吉已經將關白的官位讓給姪子豐臣秀次，而秀次卻同意秀行繼承會津92萬石的領地，所以秀吉才勉為同意。但是沒幾年，年輕的蒲生秀行因沒有治理能力以致發生氏族內的騷動，秀吉逮到這個機會馬上就將蒲生秀行由原本領有92萬石的會津成主貶到下野國宇都宮領取18萬石的俸祿，而若松城則改由名列五大老之一的上杉景勝擔任。

秀吉死後，擔任會津城城主並領有120萬石俸祿的上杉景勝，其政治地位因同樣是五大老之一的前田利家過世後而變得更高，這

樣的原因讓上杉景勝或多或少也誤判了整個情勢而選擇在關原之戰中支持西軍。因此當西軍潰敗後，獲勝的德川家康馬上沒收上杉景勝會津的領地，並將原本的120萬石減封為30萬石，其居城由會津若松城改為原本是其家臣直江兼續所居住的米澤城。令人意外的是家康將會津若松城送給了後來在關原之戰大力支持東軍的蒲生秀行。

不過蒲生秀行回歸到會津若松城沒多久，就因為長男忠鄉早逝，且在忠鄉與次男忠知都無嗣子可傳家的情況下，後來蒲生忠知被轉封到伊予國（現在的愛媛縣松山市）領取24萬石的俸祿，此時取代蒲生秀行擔任會津若松城新的城主是加藤嘉明。附帶一提的是，現在名列12座現存天守的愛媛松山城，最早事由加藤嘉明規劃設計的，但是因為臨時發生加藤嘉明與蒲生忠知互換城郭的事件，因此愛媛松山城是在蒲生忠知任內完成的。

由原本愛媛松山城轉封會津若松城的加藤嘉明精通水軍、同時也是戰國時期的築城名將，因此當會津若松城在慶長16年8月21日所發生的會津地震中受損時，身為築城達人的加藤嘉明與其子加藤明成馬上進行整建修復的工事，並將會津若松城改建成為今日所見的層塔型天守。但，事情總有意外，加藤明成不得人心又愚昧的追殺出走的家臣，這件事情讓幕府知道後就下令加藤明成改封到今天的島根縣大田市去隱居，新繼任的會津若松城成主則由保科正之擔任。

保科正之是二代將軍德川秀忠的庶子，三代將軍德川家光是保科正之的長兄。保科正之擔任若松城城主後，若松城的命運就穩定了下來，會津若松城的松平氏一直存續到幕府末期。這裡要特別提到「會津家訓」，因為這與後來會津百虎隊的遠因有關。據說德川

家光臨死之前向保科正之說，四代將軍德川家綱就託付給你了，而收到這個請託的保科正之為了感念三代將軍對他的重視外，特定寫下了「會津家訓十五箇條」，其中明確說明「會津藩是為了守護將軍家而存，若遇藩主背叛則家臣不可跟隨」。這樣的信條深植歷代藩主與其家臣心中，直到幕末的第九代藩主松平容保也因遵守會津藩遺訓而成為佐幕派。

　　會津若松城最後在歷史舞台的身影，就是在戊辰戰爭中盡情訴說著明治新政府軍與舊幕府軍彼此為了不同的理念而奮戰的故事。而戊辰戰爭後，明治政府將各地的天守閣視為佐幕派日後可能捲土重來的根據地，就如同大阪城在大阪夏之陣時，成為各地不滿江戶幕府浪人集結大阪的精神象徵一樣。因此在明治6年（1873）1月依照「全國城廓存廢的處分併入軍營地等選定辦法」開始拆除各地尚存的天守，這是日本城郭史上第二次大規模的城郭破壞事件。對照明治政府當初的「全国城郭存廃ノ処分並兵営地等撰定方」與現在財團法人日本城郭協會所提的「日本100名城」，只能說在不同歷史的時空中，我們很難評論些什麼。

笠間稻荷神社

會津若松城登閣風景

歷史

　　會津若松城最令人傷感的莫過於發生在慶應4年（1868）的戊辰戰爭，當時擔任第九代會津藩藩主的松平容保是佐幕派的代表，當以明治天皇為首的新政府軍攻下福島縣二本松市的二本松城時，便宣告戰火將會延燒到若松城。因此若松城召集了由各藩前來抵抗新政府軍的義勇隊，並根據年紀的不同編列有白虎隊（年齡為15到17歲）、朱雀隊（年齡為18到35歲）、青龍隊（年齡為36到49歲）與玄武隊（年齡為50歲以上）與等不同部隊。由於當時的通訊不發達，當戰事發展到最激烈的情況時，有20位受傷正在治療的白虎隊成員，發現若松市町著火誤以為戰爭已經無法挽回失敗的局面，因此紛紛拔出刀刃就地自裁。在這20位青少年中，有一位名為飯沼貞吉的人幸運的存活下來，在後來還曾經參加過日清戰爭，飯沼貞吉最後以77歲高齡在昭和6年（1931）過世。而松平容保在投降後於明治13年（1880）成為日光東照宮的宮司，直到1893年在東京病逝，享年58歲。

交通與入城資訊

入城費用（日幣）：大人410元、小中學生150元
開館時間：08:00-17:00
休城日：全年無休
交通：搭乘會津若松市區周遊巴士在會津若松城下車

有妙
觀點

　　2011年日本東北發生311地震後，對於當地的觀光造成相當的衝擊，為了支援東北的觀光復興，NHK將原來的企劃改為以福島縣會津出身，日後創立同志社大學的新島襄之妻八重（綾瀨遙飾演）的故事為劇本，並以會津若松城為舞台製作了**大河劇**《八重之櫻》於2013年播放。可惜該劇創下NHK大河劇史上第4低的紀錄，收視率只有14.6%，而歷年來共同列名NHK大河劇收視率最差是2012年的《平清盛》與2015年的《花燃》，其收視率都只有12%。

　　NHK大河劇的主要題材是以戰國時代故事為主，其次則是幕末故事，很多劇本都是改編自重要的作家作品，如堺屋太一、山岡莊八、新田次郎、司馬遼太郎、吉川英治、陳舜臣、高橋克彥、海音寺潮五郎等。NHK在1963年4月7日開始第一部的播出到現在的2019年已經播了58集，第一集是黑白的「花の生涯」，故事內容在講述江戶幕末時代大老井伊直弼的生涯，第58集是為了呼應日本東京將於2020年所舉辦的奧運會而奧運故事為題材（以韋駄天～東京奧運故事～），而預計在令和推出的第一部大河劇則是「麒麟がくる」，故事的主角是日本戰國安土桃山時代的武將明智光秀。底下整理NHK大河劇與各城郭有關的年代與大河劇：

赤穗浪士（1964）→播州赤穗城

太閤記（1965）→長濱城、大阪城、伏見城

天與地（1969）→春日山城

國盜物語（1973）→清洲城、岐阜城、安土城

女太閤記（1981）→大阪城、伏見城

德川家康（1983）→岡崎城、江戶城

獨眼龍政宗（1987）→仙台城

武田信玄（1988）→躑躅ヶ崎館

春日局（1989）→江戶城

宛如飛翔（1990）→熊本城

信長KGU（1992）→清洲城、岐阜城、安土城

琉球之風（1993）→首里城

八代將軍吉宗（1995）→和歌山城

秀吉（1996）→長濱城、大阪城、伏見城

毛利元就（1997）→吉田郡山城

德川慶喜（1998）→二条城、江戶城

葵德川三代（2000）→大阪城、江戶城、名古屋城

利家與松～加賀百萬石物語～（2002）→金澤城

功名十字路（2006）→掛川城、高知城

風林火山（2007）→躑躅ヶ崎館

篤姬（2008）→江戶城

天地人（2009）→會津若松城、米澤城

江～公主們的戰國～（2011）→小谷城、大阪城、江戶城

八重之櫻（2013）→會津若松城

軍師官兵衛（2014）→福岡城、長濱城

真田丸（2016）→大阪城

女城主直虎（2017）→田原城、井伊谷城

弘前城

移動的天守——為期十年的本丸石牆維修工程

　　日本是四季分明的國家，作為日本最北的現存天守，讓擁有春天櫻花與冬天雪景的弘前城在本質上就天生具有無法取代的地位。遠在1715年弘前城就有種植櫻花的記錄，目前弘前城所在地的弘前公園的櫻花樹已經達到2,600株，且弘前城櫻花的花期剛好是日本黃金週，因此每年弘前城都能吸引200萬以上的遊客前來。而雪景也是弘前程的另一特點，在12座現存天守中，弘前城與松本城是唯二兩座冬季必能賞到積雪的現存天守。

基本資料

別名：鷹岡城

所在地：036-8356　青森縣弘前市下白銀町1

電話：（0172）33-8739

種類：平山城

築城者：津輕信枚

築城年：慶長16年（1611）

歷代城主：津輕氏

遺跡：天守、櫓3棟、城門5棟

天守閣：獨立式三層天守

最近車站：奧羽本線弘前車站

　　弘前城位於津輕平野，城廓的形式是梯郭式平山城。弘前城的興建最早可以追朔到西元1603年津輕為信完成津輕地區的統一後開始計畫建造，但實際築城的工作則是由津輕的二代信枚（1586年5月9日-1631年2月14日）負責。有關津輕藩二代藩主的名字是津輕信枚還是津輕信牧，由於在史料中兩者均有記載，因此一般認定信牧或信枚皆可。由於關原之役後，屬於德川家康的東軍獲勝，而津輕信牧原本的原本的正室是石田三成的女兒辰姬，之後為了確保津輕在東北的政治地位，因此迎娶德川家康的養女滿天姬為妻並改為正室，原本的正室辰姬則遭到降格的命運，也因此讓信枚得以在德川政權中鞏固了津輕氏在近世大名行列中佔有一席之地。

　　信枚獲得德川家康同意開創弘前藩後，於慶長14年（1609）重啟新城建造工程，利用津輕家既有的堀越城與大浦城的剩餘建材進行建造，並於慶長16年（1611）完工。完工後的弘前城成為江戶時代弘前藩津輕氏歷代的居城，並成為津輕地區的政治經濟中心。其實最初弘前城所處的地名為鷹岡，因此弘前城的舊名為鷹岡城或高岡城，直到寬永5年（1628），信枚歸依天台宗，而後來天台宗的天海大師十分活躍於德川幕府的政治舞台，因為天海大師將鷹岡改名為「弘前」，因此鷹岡城也因而改名為弘前城。最初弘前城的建築設計是五層的天守閣、櫓八棟、並有十棟門並列的建築物，但是天守閣卻在寬永4年（1627）遭遇雷擊而燒毀了。之後的兩百年弘前城一直沒有天守閣，直到文化7年（1810）第9代藩主津輕寧親向幕府提出新建工程並獲得同意後才開始重建。現今的天守閣就是在西元1810年時所重建的三層建築，目前已經規劃為展示津輕藩政時代的歷史文物的「弘前城史料館」。

　　明治6年（1873）日本頒布廢城令，包括弘前城在內的許多日本城郭皆遭到破壞，弘前城的本丸御殿也遭到破壞，所幸天守閣被保存下來。自從明治28年（1895）弘前公園（鷹揚公園）開放給市民使用後，並在明治36年（1903）開始陸續在公園內種植櫻花樹，當時的皇太子（後來的大正天皇）將弘內公園命名為鷹揚園。城內現存的許多建物皆被登錄為日本的重要文化財，由於整體狀態維持相當良好，因此弘前城在昭和27年（1952）被登錄為日本的國家指定歷史遺跡，並在平成18年（2006）4月6日被選為「日本百大名城」，同時也被選為日本櫻花名勝百選，來到櫻花盛開的弘前城，除了可以欣賞弘前城塗有白色灰泥外牆以及使用銅瓦屋頂的特徵外，還可以感受到「櫻吹雪」浪漫氣氛。

　　在1949年松前城天守被火燒毀後，弘前城天守成為現存天守中地理位置最北的現存天守。由於弘前城距上次大規模整修是在大正4年（1915）已經過了一百年，加上本丸東面的石牆被檢測出有崩塌危機，因此在2015年秋季開始進行預計為期約10年的修復工事。弘前城於2015年夏季（8月-10月）開始進行石牆的修復工事，維修工人利用起重機與千斤頂架起高度14公尺，重達400噸的天守閣，然後每天緩慢移動約15～30公分朝向本丸內部移動約70公尺。將天守移動位置後將會進行天守台石垣的解體修理工事，而修復工事的進行與見學都可由臨時設置的展望台觀賞。雖然石牆維修工程為期約10年，預定於2026年完工，但天守台的修復工事會較早完成，預計會在2021年舉行恢復天守閣位置的工程。

▌上：未移動前的天守閣
　下：大手門

有妙
觀點

　　當第一次接觸到日本現存十二天守這個名詞其實是我第一次去日本並參訪人生第一個日本現存天守同時也是國寶的犬山城，由犬山城內部的展覽得知日本現存天守這個名詞。當時看到弘前城就想說，太遠了應該我不會去才對。哪知道後來對城郭的興趣也讓我在2015年幸運通過日本交流協會的獎學金得以前往日本進行城郭的研究，而我在2015年暑假前往弘前城時才發現正在進行石牆的修復工事並預計移動天守，隔了兩年我又有機會前往明治大學進行短期研究，也再度拜訪弘前城，這兩次的機會讓我體驗了弘前城的夏綠與冬雪的氣氛。其實弘前城是日本城郭中少數擁有日本的三大名所身分的城郭，這三大名所分別是「日本名城百選」、「日本賞櫻名勝百選」以及「日本的都市公園百選」。現在看到的弘前城其實是在江戶時帶所重建的御三階櫓天守，在日本十二座現存天守中，許多城郭都進行了多次大大小小的修復工事，但是像弘前城這樣將天守移動70公尺的還是唯一的一座，有興趣觀賞這座「移動城堡」的讀者可要利用尚未將天守移到原址前去欣賞喔。

▌ 弘前城整備工事説明

交通與入城資訊

　　入城費用（日幣）：大人320、小孩100

　　開館時間：9:00-17:00

　　休城日：11/24-3/31

　　交通：弘前車站改搭弘南土手町循環巴士在市公所前下車步行5分鐘

仙台城

東北獨眼梟雄伊達政宗之城

　　仙台城位於仙台市中心西側的青葉山，是伊達政宗在
西元1601年所築，雖然仙台城沒有天守閣，但是作為城郭
中心的本丸、二之丸、三之丸與石垣的保存狀態則相當良
好，這些文化財訴說著日本江戶時代東北城郭發展的重要
城跡。至於仙台城最著名的伊達政宗騎馬像，則是在昭和
10年（1935）伊達政宗第300回的忌日時，由宮城縣出身的
雕刻家小室達所設計的。但由於時值第二次世界大戰，該
雕像在日本帝國政府金屬類回收令下以作為軍事用途的原
因被撤下並上繳供應軍需，直到1964年東京奧運開幕式前
一天，銅像才復原完成。

基本資料

別名：青葉城、五城樓
所在地：仙台市青葉區川內1番
電話：（0852）21-4030
種類：連郭式平山城
築城者：伊達政宗
築城年：慶長5年（1601）
歷代城主：伊達氏
遺跡：石垣、土壘、堀
天守閣：無
最近車站：新幹線仙台站

　　伊達政宗（1567-1636）是奧羽伊達氏第十七代家督，幼年曾因天花造成右眼失明，因此又被稱為獨眼龍政宗。其實政宗一直有爭奪天下的企圖與能力，但是出身較晚，時代的巨輪已經無法等待政宗成長了，因此政宗只能在東北地區看著天下落入豐臣與德川的手中，當伊達政宗成為仙台藩藩祖後便開始建築仙台城來治理仙台地區。

　　雖然伊達政宗確實是有爭奪天下的實力，但是他出身實在太晚，當然太早也不行，如北條早雲就太早了。當伊達政宗15歲由片倉小十郎景綱與伊達藤五郎成實第一次領軍出征時，已經是天正9年（1581）。天正9年的意思是什麼呢？那時候今川義元早已經被織田信長在桶狹間奇襲而亡，威震天下的武田信玄與上杉謙信及其五次川中島戰役也以成過往雲煙。政宗第一次出征時，織田信長已

經幾乎快要完成天下一統，只可惜信長在隔年因為其部下明智光秀的叛變而在本能寺身亡，之後日本歷史幾乎只是根據秀吉的風格完成信長沒有完成的霸業而已。因此不論伊達政宗第一次出征如何勇猛，或胸懷何種雄才大略，都注定他只能在早已經站穩天下人舞台的豐臣秀吉與德川家康面前俯首稱臣。

其實伊達政宗所具有的獨特創新特質倒是與織田信長有些相近，但與善用人際關係的豐臣秀吉以及具有超高忍功的德川家康則完全不同，由後來的人們用「伊達流」來形容帥氣的人，或用來隱喻喜歡穿著華麗服裝來突顯自己的人即可見一斑。即使是在德川幕府成立後，政宗曾多次向他人提及若能早生20年，當能成就信長公之霸業，當然這是在政宗與家康間存有一定信任基礎下才會這樣陳述，這一點由政宗過世前，德川家光特地往仙台探視便可知道。由伊達政宗後來的留世詩「心中明月當空無絲雲，照盡浮屠世間黑暗」，以及所遺留的賦詩「馬上少年過，世平白髮多；殘軀天所赦，不樂是如何」，不難窺見其心境。

仙台城位於日本宮城縣仙台市青葉區的青葉山，別名「青葉城」與「五城樓」，於平成15年（2003）被指定為國之史跡。日本許多城郭在其歷史上均會換過多次的城主，但是仙台城在慶長年間由伊達政宗開始築造後，一直到最後在廢藩置縣與廢城令而被迫廢城的270年間，均是由伊達氏的居城，城郭史上能有這樣的情況多半是德川家族的城郭才有這樣的際遇，如駿府城、名古屋城與江戶城等。仙台城的規劃與治理到處都可以看到獨眼龍伊達政宗的深謀遠慮，比如說高達17公尺北丸北面的石垣，以及為了避免德川幕府的猜忌而沒有天守閣的設計，這一點後來遠在九州的福岡城城主黑田如水也比照伊達政宗的方式捨棄原本的天守閣建置規劃。其實仙

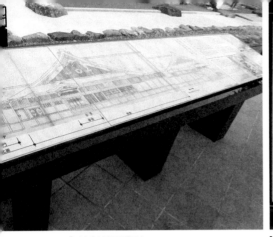
仙台城御殿資料

日本百名城認定證書

台城的大手門規模在日本數一數二，可惜仙台城諸多建築在歷經戊辰戰爭與第二次世界大戰的空襲時，很多建築多半已經燒毀。目前仙台城在本丸遺址上有宮城縣護國神社、仙台城見聞館以及伊達政宗騎馬像等觀光設施，而二之丸則是成為東北大學川內校園的一部分，至於三之丸則是有仙台市博物館。遊客可在青葉城資料展覽館看到很多仙台城考古與維修的一些紀錄資料，展覽館也有製作精巧的CG呈現相關的史料。

其實日本東北留下來的城郭不多，仙台城雖然沒有天守閣可以欣賞，但是光是伊達政宗的名號就可吸引不少戰國同好者前往，加上每年暑假七夕，仙台城也會施放煙火與仙台特有的七夕活動，也是相當值得遊客前往參訪的一座城郭。基本上仙台城距離車站有一點距離，建議遊客在JR東日本東北本線‧東北新幹線仙台站下車後，於西口搭乘西口環線巴士9號，搭乘仙台市營巴士，約25分鐘後於仙台城跡南下車，然後徒步約5分即可到達。登上位於青葉山丘陵的仙台城天守台，天氣好還可以遠眺太平洋，而仙台城的天守台同時也是欣賞仙台市七夕煙火的絕佳觀賞景點。夏天來到仙台城天守台除了可以欣賞整個仙台的城市風光外，還可以看到許多日本會穿著和服來此，也算是另一種風景吧。至於由仙台城回到市區，若時間不趕的話建議可以不用搭車（其實過了6點也沒什麼公車了），慢慢步行下去回到車站即可，沿途還可以欣賞仙台城周邊景致。

上：史跡仙台城城跡
下：仙台城大手門脇櫓

交通與入城資訊

入城費用（日幣）：仙台城跡入場免費，青葉城本
　　　　　　　　　　　丸會館的「資料展示館」門
　　　　　　　　　　　票，成人700日元、國高中生
　　　　　　　　　　　500日元、小學生300日元。

開館時間（資料展示館）：9：00～17：00（冬季11/4～3/31則開館
　　　　　　　　　　　　　至16：00為止）

休城日：城跡的部分全年無休

交通資訊：新幹線仙台站在西口轉搭環線巴士於仙台城跡下車

米澤城

關原之戰後上杉景勝的居城

　　米澤城是戰國武將上杉景勝晚年的居城，但來到米澤城卻可以發現，裡面多半是與日本戰國著名武將上杉謙信（1530.2.18-1578.4.19）有關。上杉謙信在日本戰國時期相當的活躍，並和外號「甲斐之虎」的武田信玄（1521.12.1 -1573.5.13）有過五次的川中島戰役最令人稱道。其實上杉謙信的居城是春日山城（位於新潟縣上越市），與米澤城（山形縣米澤市）其實有一段很大距離的，以前的主城通常都有很多支城，這些支城多半是為了守護主城為目的而建築的，米澤城的支城包含了福島城、大森城、梁川城、鮎貝城、高畠城以及館山城等。

基本資料

別名：舞鶴城、松ヶ岬城

所在地：山形縣米澤市

種類：輪郭式平城

築城者：長井時廣

築城年：曆仁元年（1238）

歷代城主：長井氏、伊達氏、蒲生氏、上杉氏

遺跡：土壘、堀

天守閣：無

　　米澤城據傳是鎌倉時代源賴朝的重臣大江廣元的次男長井時廣所建築，當時被稱為松崎城。不過通常這樣的說法都有賴證實，一來因為時代實在太久，二來那時候建築的城與後來城郭的標準也有很大的不同。雖是如此，但是長井氏在當地統領了一百多年也是一個不爭的事實，直到室町時代初期伊達宗遠入侵米澤後才結束了長井氏的統治。天文17年（1548），伊達政宗的祖父伊達晴宗進一步以米澤為根據地強化了伊達在米澤的勢力，後來被稱為奧州獨眼龍的伊達政宗也是在米澤出生的。

　　到了天正17年（1589），伊達政宗與蘆名義廣發生戰事，雖然最後伊達獲勝，但卻讓豐臣秀吉認為伊達政宗並沒有真心聽命於豐臣政權，因此下令政宗由原本72萬石的米澤轉封到只有58萬石的岩出山城。米澤城則改由會津城主蒲生氏鄉的重臣蒲生鄉安擔任米澤城主，蒲生氏鄉大規模整修伊達氏時代就被尊崇的白子神社，讓白子神社也在此時奠定了在米澤人心中的重要信仰地位。不過蒲生

氏鄉在文祿4年（1595）英年早逝，只活了40歲，因此米澤城便改由蒲生氏鄉的兒子蒲生秀行擔任城主，不過蒲生秀行只當了兩年的城主就在慶長2年（1597）被轉封到宇都宮，而米澤城則改由當時越後會津城的領主上杉景勝指派其重臣直江兼續（直江兼續與片倉景綱、堀直政等三人並列為日本戰國時期「天下三陪臣」）擔任城主。不過當時派直江兼續擔任米澤城城主的上杉景勝，可能也沒想到自己會在慶長5年（1600）關原之戰敗北後，領地會由原本的120萬石減封為30萬石，並移封至原本屬於其家臣直江兼續的領地米澤城。原本直江兼續仍想繼續與德川抗衡，不過後來在主君上杉景勝的堅持下轉而歸順在江戶幕府的體制下。

　　當上杉家被減封為30萬石時，在那樣的情況下其實是留不住人才的，其中有一個著名的例子就是日本戰國時代中後期的名將前田慶次郎。前田慶次郎本名前田利益（1533-1612），是織田信長重臣瀧川一益之兄瀧川益氏的庶男，由於前田慶次郎與直江兼續是好友，也因此當發生關原之戰，前田慶次郎是屬於上杉陣營的。當上杉家被貶到米澤時，直江兼續僅出的起五百石的俸給來聘用前田慶次，但慶次不以為意並前往赴任，並在米澤期間完成了描寫當時日本民風民俗的「前田慶次道中日記」著作，這個史料後來對研究當時民情風俗是相當重要的資料。

　　歷史的發展一直訴說著不同選擇決策產生不同命運的故事，慶長19年（1614）10月發生大阪冬之陣，這時候的上杉已經是支持德川方的，上杉方面的前鋒是由直江兼續擔任，兼續先在10月12日於二條城謁見家康並在同月25日於鴫野之戰建立戰功。兼續於翌年慶長20年（1615）2月回到米澤後又因為大夏之陣而前往京都，並布陣於八幡山擔任警備任務直到大阪城陷落，豐臣政權滅亡後才回到

米澤。而當初因支持直江兼續而在關原之役支持豐臣政權並與德川對抗的一代戰國傾奇者前田慶次郎則在發生大阪夏之陣前三年的慶長17年（1612）6月4日於米澤病逝，若慶次郎活到大阪夏之陣，不知道會作何選擇。

　　目前米澤城已經在2017年被財團法人日本城郭協會收錄在續百名城的名單中，編號為第109號（被歸納在東北地方），每年2月的第2個週六和週日，米澤市會舉辦「上杉雪灯篭まつり」，屆時會場會有裝飾300個雪燈籠以及3,000個用雪做成的燭台，相當值得遊客去體驗米澤雪國的風情。歷年來NHK播出的時代劇中，有很多部都有描寫到與米澤城有關的人事時地物，如天與地（1969）、德川家康（1983）、秀吉（1996）、葵德川三代（2000）、利家與松（2002）、天地人（2009）以及真田丸（2016）。至於小說方面，對於上杉謙信有興趣的讀者強烈推薦海音寺潮五郎所寫的「天與地」這本小說。小說的結尾有提到「從川中島凱旋的歸途中，傳來乃美病逝的消息。悠悠三十年，我做了些什麼事情？關東統領、上杉家世……不都是些虛空的東西！」，這個結尾的情境對於上杉謙信的內心世界有更深層的描繪。

交通與入城資訊

入城費用（日幣）：無

開館時間：

全年無休

交通：JR米澤車站搭乘巴士10分

▌雪中的上杉謙信銅像

番外篇　五稜郭

江戶幕府末期無盡夢想的象徵

　　五稜郭位於北海道的函館，是一座建於150年多前的一座星形要塞（Star fort），這種類型的城郭最早出現在15世紀中葉的義大利，主要是為抵禦火藥與大砲的攻擊而被設計出的。星形要塞的特點在於其眾多相互掩護的稜角設計，讓攻擊方很難進行防禦。目前全日本只有兩座星形要塞，建造的年代都是在江戶幕府末期，一座當然是位於北海道的五稜郭，另一座則是座落在長野縣佐久市的龍岡城（別名桔梗城）。來到北海道五稜郭一定要登上高107米五稜郭塔，來到塔上的觀景台除了可盡覽五稜郭公園美景外，天氣好時還可欣賞到橫津嶽山脈、函館山和津輕海峽。

基本資料

別名：龜田役所土壘、柳野城

所在地：北海道函館市五稜郭町44

種類：稜堡式

築城者：江戶幕府

築城年：1866年

歷代城主：明治政府

遺跡：土壘、石垣、護城河、兵糧庫

天守閣：無

最近車站：函館市電　五稜郭公園前站

　　嘉永6年（1853）美國海軍準將馬修培理率領艦隊駛入江戶灣迫使江戶幕府開放貿易，位於北海道的箱館港也是在那時開放。之後的江戶幕府為了強化北方地區的防衛能力，德川家定指派由西洋軍事學者武田斐三郎負責設計建造五稜郭，武田斐三郎花了7年的時間並採用歐洲「星形要塞」的築城設計，配置了「稜堡」設施並以大炮作為戰鬥的主力，由於要塞完成後的外觀有5個呈星狀突出的角，因此被稱為「五稜郭」。德川家康所創立的江戶幕府在二条城進行大政奉還後，宣告明治政府時代的來臨，但是仍有部分地區發生零星的戰爭，而這座原本是要對抗外國的威脅而建築的城郭，最終卻成為日本最後內戰「箱館戰爭」的主角與舞台。

　　現在的五稜郭已被日本政府指定為日本特殊歷史遺跡，護城河沿岸種植了約1,600棵櫻花樹，是春天著名的賞櫻名勝。由於五稜郭具有春櫻、夏綠、秋楓、冬雪等四季分明的風情，可以說是一年四季擁有最鮮明季節寫照的城郭。此外，位於五稜郭公園星型堡壘正中央的箱館奉行所，原本為武士值勤時的行政機關，之後遭戰爭摧毀並經復原重建而建的，有興趣的遊客務必入內參觀箱體驗傳統和風建築的魅力。北海道函館除了五稜郭外，另有一處四稜郭（位於函館市陣川町），這個四稜郭就是當時與明治政府軍對抗的蝦夷共和國（箱館政權）所築，作為支撐五稜郭的城堡，並用來保護位於東北約3公里山上的東照宮。

① ② ③

交通與入城資訊

入城費用（日幣）：免費，但要登上五稜郭塔的話
需日幣900元

開館時間：05:00-19:00（4月-10月）、05:00-
18:00（11月-3月）

休城日：全年無休

交通：搭乘函館市電在「五稜郭公園前」站下車，徒步約15分

① 五稜郭城跡　② 五稜郭奉行所　③ 箱館戰爭人偶展示

第三章
關東與甲信越
由北条～江戶的見證

松本城

以北阿爾卑斯山為背景的國寶天守群

　　松本城是在文祿（1593~1592）時代所建造的五層六階的天守閣，該城除了是日本現存的五層天守閣中最古老的建築外，也因完整的呈現並保留桃山時代樣式的建築風格而被指定為國寶。松本城聳立在高聳的北阿爾卑斯背後，因其漆黑的外牆而被稱為「烏城」。松本城在春天可以欣賞美麗的櫻花，夏天的松本則綠意盎然，秋天有滿城的紅葉，冬天擁有傲人的雪景，由於松本城依據季節的不同會呈現出明顯的不同景致，因此很受到遊客的喜愛。

基本資料

別名：深志城

所在地：長野縣松本市丸之內4番1號

電話：（0263）32-2902

種類：平城

築城者：石川數正

築城年：文祿2-3年

歷代城主：小笠原氏、戶田氏、松平氏、堀田氏、水野氏

遺跡：天守、乾小天守、渡櫓辰己附櫓、月見櫓、本丸、
二之丸殿跡、內濠、外濠

天守閣：木造五層六階

最近車站：中央本線松本車站

　　松本城位於長野縣境內，就是舊稱信州的主要地域，是日本現存最古老的五重六階的木製天守閣，其白漆大牆和黑色裙板構成鮮明對比為松本天守閣的象徵。松本城周遭有被稱為「日本屋脊」的北阿爾卑斯、南阿爾卑斯等3,000公尺以上的雄偉山嶺所環抱，城池整體藉助飛驒山脈作為背景，造就日本現存天守中最珍貴的影像。而藉由護城河內反射出天守閣的華麗身影，以及春櫻、夏綠、秋楓、冬雪等豐富多彩的四季景致，讓松本城擁有其它城池看不到的絕美景色。

　　在戰國時代，治理當時日本信濃中部的甲斐源氏名門小笠原氏開始在現今的松本城位址構築山寨，形成松本城的雛形，一般認為這是松本城築城的開端。也就是說松本城原先是足利尊氏麾下的小笠原貞宗所興建的，起初還只是一個名為深志城的小規模城堡。後

來在天文19年（1550）甲斐的武田信玄攻略此地，此後32年間，深志城便成為武田氏在信濃很重要的據點。一直到天正10年（1582）武田被織田與德川的聯軍攻滅後，小笠原氏再度回歸此地並開始大規模的修建深志城並改名為松本城。

　　現在的松本城則是在天正18年（1590），當小田原之戰結束後，豐臣秀吉為了疏遠德川家康，便將德川移封到關東，松本一地也改封給由德川叛逃而來的家臣石川數正。石川數正父子進入松本地區，為了作為豐臣秀吉支配東邊領土的據點而再度對於松本城進行擴建的工作，並開始建構天守、城郭、城下町，進而確立了現今松本城的規模。石川氏所建築的城郭包括本丸、二之丸、三之丸等以正方形的方式建築，並用來支配四周的城下町、寺社等地區。最初的天守閣是以三層四階的乾小天守以及五層六階的天守以渡櫓加以連結構成，之後，松平氏再加上附櫓以及月見櫓的複合式建築。以野面石切成的石壁，在這白漆食的大壁下，可以看到下見板、狹間等建物，整個天守閣給人一種看似穩重的古代武士般的感覺。

　　松本城的天守是屬於五層六階的設計，在日本現存的12座天守中只有松本城和姬路城擁有五重天守閣，由於由外部並無法得知天守三階的存在，因此松本城的天守三階便是戰時全體武士集合的地方，天守四階與五階分別是城主的書院（御座所）以及進行作戰會議的地方，至於天守閣最頂階則供奉著松本城的守護神二十六夜神。松本城的天守歷經不同的城主而增建了辰巳附櫓以及月見櫓，其中辰巳附櫓的花頭窗以及月見櫓四周以紅漆塗成的迴緣都是相當值得參觀的建築設施。

　　另一方面，松本城大部分設施都是屬於戰國末期所建築，當時對於戰爭所需要的工事，相對於戰爭時期所建築的城郭的要求較

低，因此才會有賞月用的建築設計，該賞月區為紅漆建築且完全沒有武裝裝備的建築物，這種天守閣連接賞月城郭的設計也是松本城特有，我們也可以由這些細節看到到時代的變遷而賦予天守閣的不同使命。

到了江戶時期，松本城成為水野家以及松平家世代治理松本藩的居城，可惜本丸御殿在享保12年（1727）因大火而燒毀，之後因為經費的不足，便以二之丸當作處理行政事務的辦公場所。松本城在明治維新後遭到被拍賣的命運，並一度遭遇得標者想要拆除天守閣的危機，幸好在當時的仕紳市川量造的努力奔走下才免於被拆解的命運。

明治年間，天守閣曾一度傾斜，此時就有傳聞說這是貞享騷動（貞享騷動是指發生在1686年，在松本藩因年貢制度變更所引發的農民暴動，當時的藩主是水野氏，在此事件後松本藩也改由松平家來治理）的主謀多田嘉助被處磔刑時，其怨念所造成的。其實真正的原因是松本城的位置是處於屬於軟弱地盤的沼澤地，而當初支撐天守閣重量的16根主要樑柱已經隨著時間而逐漸腐朽，加上地基也有受損才造成天守閣的傾斜。松本城的傾斜問題已經在明治36年到大正2年這段期間修復完成。

在日本戰國時代所建築的松本城相當注重軍事防禦的功能，以松本城本丸的正門入口黑門為例，由其厚重的外型不難看出其強化防禦功能的心思。一般說來，太鼓門是觀賞松本城的出城路線之一，該門建築於文祿4年（1595），太鼓門的名稱源自於門台北邊石垣上所設置的太鼓樓，在戰爭的時候，可以利用太鼓樓升起火苗來傳送重要的軍情。太鼓樓原先因年久失修而毀壞，直到平成11年才被修復。

▌ 松本城天守內構造

▌ 松本城登閣風景

松本城最大的特徵就是以豪壯的日本阿爾卑斯山為其背景，除了是日本五座國寶中最容易欣賞到雪城的景致外，松本城也是相當著名的賞櫻景點，而松本城附近也有許多溫泉群，如淺間溫泉、橫田溫泉、美原溫泉以及崖之湯溫泉等都是很有名的溫泉。由松本城為中心所發展起來的城下町至今還保留有古老的建築物與街道，如江戶時代作為武士住宅區和庶民住宅區境界分界線的繩手街，以及庫房牆壁以黑白兩色為特徵的中町街等。除此之外，松本城附近有也有許多的重要文化遺產，如舊開智學校、舊制松本高等學校等。喜歡舊建築有興趣的人到了松本城千萬不要忘了去參訪舊開智學校，其地點距離松本城很近，指標也很清楚，沿途還可以體會松本市另一種風貌的市容。舊開智學校是在1876年所建造的，是日本最古老的擬洋式建築（和洋建築），在1961年被指定為重要的文化遺產，可以說是日本建築史上珍貴的學校建築，對於喜歡這類建築的人，筆者建議千萬不可錯過明治村這個景點，該景點座落在同為五座國寶之一的犬山城附近。

　　松本市其實不大，對於容易迷路的人而言，逛松本市倒是不用擔心認路的問題，因為道路的規劃很有秩序，因此不容易迷路。由松本車站前的路往前直走到大名町通左轉步行一小段路就到達松本城，大約用不到15分鐘的時間。如果你仔細觀察一下路燈，就可以發現每條路的路燈都不一樣，各有不同的造景，類似的例子都是你在前往松本城的途中可以體會到松本市容的另一番風味。

　　如果你不想走路，松本市區隨時可以看到松本百元周游巴士（Town Sneaker），Town Sneaker由JR松本車站為起點，每三十分鐘發車一次，由三輛巴士組成，分別去往北、南以及東等三個方向，隨行可以看見松本城、中町等歷史文化觀光景點、每趟車資為日幣100元，一日券是日幣300元。

　　就像日本人看到「京」這個字就會想到京都而非東京一樣，在信州說到肉，就是指馬肉，來到松本，自然不能找機會去享受一下生馬肉片以及馬肉火鍋那柔軟而清淡的味道。此外，蕎麥麵也是松本的名物之一，尤其是標榜手工打造的信州蕎麥麵更是有名，所以來到松本也不要忘了去嚐嚐道地的蕎麥麵。

　　由東京前往松本城最建議的交通方是就是購買JR Pass東日本長野&新潟地區鐵路周遊券，該交通票可以在14天內任選5天，不限次數隨意乘坐指定範圍內的新幹線、特快、普快等鐵路交通，使用範圍包含長野、新潟、輕井澤及日光等日本東部地區，下次想前往東京旅遊，又不想每天都在東京市區的遊客，可以考慮購買JR Pass的周遊券，除了來往成田機場與東京市區可以使用外，長野的松本城、收錄世界文化遺產的日光東照宮與富士山、滑雪勝地的越後湯澤與新潟、度假勝地的輕井澤等都是該周遊券的使用範圍。

歷史

　　松本城是日本的12座現存天守之一，同時也是關東地區唯一的國寶天守。松本城的建築可追朔到戰國時代的永正年間，一開始的城郭稱為深志城。當時信濃的守護小笠原氏為了鞏固其領地，在信濃府中一代建築深志城，後來小笠原氏被武田信田所驅逐，深志城也就成為武田氏所支配信濃一帶的領地，直到天正10年，小笠原貞慶利用本能寺之變的短暫動亂再度回到深志城並更名為松本城。天正18年（1590），在小田原之戰後，德川家康被轉封到關東地區，而小笠原氏也跟著德川轉封到關東。此時秀吉命令石川數正、康長父子進入松本地區，並為了作為豐臣秀吉支配東邊領土的據點開始進行築城的工作，城郭包括本丸、二之丸、三之丸等以正方形的模式建築，並用來支配四周的城下町、寺社等地區。最初的天守閣是以三層四階的乾小天守以及五層六階的天守以渡櫓加以連架構成，之後，松平氏再加上附櫓以及月見櫓的複合式建築。松本城因為外觀為黑色，因此被人稱之為「烏城」（からすじょう），無獨有偶的是位於岡山市的岡山城也因為外觀的顏色而被稱「烏城」，但是日語的發音是（うじょう）。

交通與入城資訊

入城費用（日幣）：大人610、小孩300
開館時間：08:30-17:00（夏季期間：8:00-18:00）
休城日：12/29-12/31
交通：松本車站下車步行10分鐘

有妙
觀點

　　喜歡日本旅遊的人一定可以感受到日本四季分明的特徵，春季觀櫻、夏季祭典、秋季賞楓與冬季的雪景，但除非你到北海道或日本東北地區，否則冬天到日本旅遊未必就真的有機會欣賞到雪景。由於松本城位於日本長野縣的松本市，在冬天算是經常下雪的都市，而且冬季的松本市溫度夠低，在下雪後也不會馬上融化，因此松本城可以說是最有機會欣賞「雪城」的城郭，地點離東京約兩小時的車程也還可以接受，不會像東北的弘前城那麼的遠。松本城的另外一個特點是以日本北阿爾卑斯山為其背景，站在松本城的入口可以看到松本城與北阿爾卑斯山一起映入眼簾的壯闊景致，如果有長鏡頭或望遠鏡，在冬天還可以清楚的看到北阿爾卑斯山的雪景。

　　其實戰國時代叱吒風雲的武田信玄深信人民的向心力就是最好的防禦圍牆，因此武田並沒有像織田、豐臣或德川等大名一樣留下巨大的城郭，因此松本城就成為與武田有關的最重要城郭。喜歡戰國歷史的人都知道甲斐之虎武田信玄與越後之龍上杉謙信的兩強競爭，其中五次的川中島會戰更是令人津津樂道的事蹟。即便如此，強者仍會愛惜強者。話說武田信玄在進攻鄰近的今川氏真時，今川為了抵抗武田的攻擊而將所有的鹽帶走，當上杉謙信聽到武田軍的困境後，雖然武田與上杉是死對頭，上杉還是提供鹽給武田軍，「牛繁石」就是用來紀念這段上杉與武田的歷史，到松本城不要忘了特地去看看（由松本車站步行約10分鐘）。

江戶城

日本史上最大的城郭

　　江戶城是德川十五代征夷大將軍的居城，也是江戶幕府最高的行政機關所在。當秀吉統一日本後，將德川由原先三河的根據地（現今的愛知縣）轉封到關東，當德川家康開創德川幕府後，便開始著手增築江戶城，最大規模的江戶城擁有六層的天守。現在東京的前身就是江戶（別名千代田城），當時的江戶城是全世界總面積最大的城郭，在明治維新前是德川幕府的政治中心，維新之後的江戶城便成為日本天皇的居城，也就是現在的皇居。

基本資料

別名：千代田城

所在地：東京都千代田區千代田

種類：平城

築城者：太田道灌

築城年：康正2年（1456）

歷代城主：太田道灌、上杉朝良、遠山氏、德川氏

遺跡：皇居東御苑

天守閣：無（只剩下天守台）

最近車站：JR東京車站丸之內口

　　位處關東的江戶原先是一個相當荒涼的地區，直到德川家康在江戶開幕後，才開始著手規劃江戶城的擴建工作，其天守閣分別在慶長（1597）、元和（1623）以及寬永（1638）等三個時期均整建過，但在寬永年間所建築的天守閣（五層六階的層塔型天守）在1657年的明曆大火中燒毀，原先天守閣的重建工作是由前田綱紀負責，但是後來保科正之等人認為天守閣的復興工作並不是江戶城在歷經明曆大火後的首要工作，因此重建江戶城的復原工作便暫時停止。爾後江戶城便暫時以富士見櫓來當作天守閣（當時江戶城有19個櫓，富士見櫓是唯一的三重櫓）。之後江戶城還數度遭遇火災的侵襲，本丸甚至在1863年被燒毀，之後因為經費的問題本丸也沒有再重建，而由西之丸來代替本丸的機能。由此來看，其實江戶城還真可以說是一個具有「火難之相」的城。

　　明治維新之後（1868.4），江戶城已經由新政府軍所接管，同年10月將江戶城改名為東京城。之後皇室由京都的御所遷移到東

正門石橋

京，並在1948年更名為皇居。江戶城在成為日本皇室的居城後，西之丸與吹上庭園便不對外開放，因此一般人對於皇居的印象就是指舊江戶城中心的本丸、二之丸與三之丸（也就是皇居東御院），這些區域會根據節日的需要對外開放，至於一般人最熟悉的皇居北側的北之丸公園以及南側的皇居御院則是常態性的對外開放。部份城內的建築物，如冰川神社以及喜多院則被移往其他地方。江戶城在德川幕府時代經常遭遇祝融的侵襲，德川政權結束後，原先江戶城的大部分遺跡也在關東大地震以及第二次世界大戰的空襲中損毀，目前現存的遺跡如櫻田門、田安門以及清水門等都已經被指定為日本的重要文化財。

多數人都認為日本的首都當然是東京，其實日本首都的定義是天皇住在哪裡，那裡就是日本的首都（有點像是空軍一號的定義一樣），不過有趣的是東京做為日本首都並沒有法律的依據，所以嚴格來說東京會被視為日本首都仍是因為現在的天皇居住的皇居是位於東京，且原本屬於江戶幕府的江戶城的原因。歷史充滿了必然與偶然的組合，東京就是一個典型的例子。若在日本戰國時期，織田信長沒有因為本能寺之變而意外身故，就不會有後來豐臣秀吉的崛起，而若豐臣秀吉在統一日本時沒有將德川家康由名古屋趕到關東的江戶，就不會有現代東京的崛起。說起來，東京成為日本歷史的重心也不過是在德川家康被迫轉封到江戶才開始的，然而現在的東京早已經是個世界級的大都市，原先江戶城的遺跡都不容易看到了。

　　對於江戶歷史有興趣的人倒是可以前往位於東京的江戶博物
館參觀，至於東京鐵塔、晴空塔、秋葉原、新宿、明治神宮、六本
木、台場、銀座、原宿等相信都是國人耳熟能響的景點，就不再多
說，但在這裡特別推薦三個景點給第一次到東京的人參考。如果你
是學生，到了東京就不要忘了到湯島神社去參拜，湯島神社就像我
們的文昌君一樣是祭奉掌管學問的神。我在唸博士時的資格考、學
位考等考試之前，剛好都有事情前往東京，也託參拜之福這些考試
都順利過關，對於正要面臨考試考驗的讀者可以考慮去參拜一下。
如果你對建築有興趣就不要錯過位於表參道上的許多現代建築，當
然安藤忠雄的OMOTE SANDO HILLS更是必看的建築。最後推薦
的地方就是東京鐵塔大展望台上的夜景，想要欣賞現代江戶城，
建議必定要有在東京鐵塔大展望台上觀賞的經驗。

▍皇居桔梗門

有妙
觀點

　　江戶（東京）最初是平安時代末期到鎌倉時代初期江戶重繼的根據地，不過江戶氏在15世紀便開始沒落了，直到1457年扇谷上杉氏的家臣太田道灌在現在的江戶城進行築城的工事，不久之後，道灌的江戶城就成為關東霸主北條氏的支配領地。天正18年（1590），豐臣秀吉率領大軍進攻小田原城，秀吉在北條氏開城投降後終於統一日本，結束紛亂的戰國時代，此時秀吉為了鏟除德川家康的勢力，特地在進攻小田原城時，跟德川家康說不用負擔軍費，但在戰爭結束後則要求德川由原先的駿府（靜岡）轉封到關東的六州（武藏、相模、伊豆、上野、下總與上總），德川家康在同年的8月1日正式舉遷到江戶，也就是這樣的原因，日後農曆8月1日就以江戶開城的時代而被紀念。德川氏剛到江戶時，江戶城只是一個樸素的城，並保留太田道灌築城的樣子，直到1603年德川家康開創江戶幕府之後，才開始進行江戶城的增建工作，包括本丸、二之丸、三之丸（現下的皇居東御院）、西之丸（皇居）、北之丸以及吹上御院等都是在這個時候完成的，江戶城大規模的增築工作一直到德川家康的孫子德川家光的年代（1636）才完工，此後的江戶城便成為江戶幕府的行政中心，爾後的兩百年，各式各樣的政治事件也以江戶城為舞台而上演著。現下東京都千代田區、港區以及新宿區一帶還保有當時江戶城的外堀遺跡。

▎江戶城的二重橋

交通與入城資訊

　入城費用（日幣）：無料

　開館時間：9:00-16:00（3月-10月）、

　　　　　　9:00-15:30（11月-2月）

　休城日：12/29-12/31

　交通：JR東京車站丸之內口下車

小田原城

東海道最後的牙城——見證北條氏五代
關東百年霸主

　　位於神奈川縣小田原市的小田原城，原本是平安時代末期相模國豪族小早川遠平的居城，而當北條早雲在1495年成功奪取小田原後，小田原城便成北條氏（早雲、氏綱、氏康、氏政、氏直）百年關東霸主的歷史地位，而小田原城除了是北條、今川、上杉以及武田等戰國大名間征戰的重要舞台外，同時也是北條氏代表的居城。小田原城在關東大地震中受損，雖然外城的大門、銅門仍然保留，但是現在仍然看到關東大地震對城的石垣的影響。二次世界大戰結束後，在小田原的原址進行公園化的作業，小田原復興天守於1960年重建完成。

基本資料

別名：小峯城、小早川城
所在地：神奈川県小田原市城內6番1号
電話：（0465）23-1373
種類：平山城
築城者：大森賴春
築城年：應永24年（1417）
歷代城主：後北條氏、阿部氏、稻葉氏
遺跡：石垣、土壘、堀
天守閣：複合式層塔型3重4階
最近車站：JR小田原站

　　戰國末期，原本是織田信長麾下的豐臣秀吉在信長亡於本能寺後，逐漸掌握信長原有的勢力，並在小牧‧長久手與家康對戰後逐漸統一日本，並擔任「關白」的文官最高官階。關白一詞其實由中國傳入日本，典故出自《漢書‧霍光金日磾傳》中「諸事皆先『關白』光，然後奏天子」。不過此時的秀吉仍尚未實質掌控日本，因此即便秀吉已經是關白，但許多地方仍有不聽秀吉命令的零星戰爭。天正17年（1589）北條與真田家族為了領地問題而請秀吉仲裁，秀吉仲裁後決議真田家將沼田城附近有爭議的土地給歸還北條，且要求北條氏政、氏直父子上洛面見秀吉，但北條只派了北條氏規上洛接受秀吉仲裁的和解協議。之後秀吉再度命令北條氏政前往京都謁見秀吉，但北條方面卻經過小田原評定後，決定讓板部岡江雪齋上洛，此舉惱怒了秀吉而發動了小田原戰爭。秀吉在天正18年（1590）春天派出21萬大軍進擊小田原城，秀吉的主力部隊約17

萬、上杉景勝、前田利家與真田昌幸的前導部隊約3萬5千人、海軍約1萬人，而北條氏只有5萬人。由於實力相差懸殊，北條在同年六月就就開城投降了。其實小田原一役可以說是秀吉展現實力的大閱兵，不論是前田、德川、北方的伊達、海軍的長宗我部元親、加藤嘉明、脇坂安治與九鬼嘉隆等，都奉命集結參戰。

前面提到的小田原評定是北條獨創的制度，每月召開兩回，用來與重臣討論並決議重要的策略，雖然後世普遍認為小田原評定是維持北條五代百年的統治基礎，但是當面臨秀吉派出21萬大軍進攻小田原城時，小田原評定在討論如何應對時出現兩個不同意見。當時北條氏康的五男北條氏邦主張出擊在箱根野戰，但因為先前北條曾以籠城戰擊退武田信玄、上杉謙信，因此老臣松田憲秀主張籠城，雙方意見不同而花費許多時間進行決策，最後北條決定以籠城戰術迎擊豐臣秀吉，但也因此壓縮了戰爭的準備時間。而在戰爭末期，北條家族在討論是否投降或是抗戰所開的最後一次小田原評定會議時，會中北條各家臣遲遲無法能凝聚共識造成策略上的搖擺不定，最後變成「不戰、不降、不攻、不守、不打、不和」不可思議的情況，因此後世將小田原評定也用來是「冗長討論卻沒有結論的會議」的代名詞。

北條氏滅亡後，小田原城由德川家的譜代大名大久保忠世入主。許多日本城郭都遭遇雷擊、地震或空襲所毀壞，小田原城（包含寬永9年所修建的石垣）也在關東大地震中受損。二次世界大戰結束後，在小田原城的原址進行公園化的作業，小田原復興天守於1960年重建完成，從天守閣上除了可以遠眺相模灣外，還可以看到笠懸山上的石垣山一夜城，登上天守閣，其視野風景仍值得推薦。其實重建後的小田原城已經很難跟以往難攻不落的偉大城郭聯想在

一起，因為重建後的天守閣實在很小，其觀光的價值高於建築本身的文化價值，甚至在復原的城郭旁還有一座小田原動物園，當你走在小田原城內時，還可以聞到動物園特有的動物味道，而動物園與城郭並存是否適當也一直存在著許多的爭議。

▌小田原城大手門

　　補充一下上面提到的石垣山城，該城是位於神奈川縣小田原市，是豐臣秀吉在天正18年（1590）攻打小田原時，於小田原城西南方三公里的笠懸山山頂所築。石垣山城目前只剩陣城跡，這是豐臣秀吉留下兩座一夜城當中的一座，另一座是位於岐阜縣大垣市的墨俣城一夜城。有趣的是墨俣城可說是豐臣秀吉（當時的名字是木下藤吉郎）任職織田信長時的發跡之城，而石垣山城則是豐臣秀吉邁向統一天下最後一哩的布武之城。

　　據稱豐臣秀吉選在小田原城視野死角之處築城，城郭完成後故意砍光周圍的樹木想讓北條氏誤為一夜之間就築成的城郭，進而達到讓敵人喪失戰意的效果，但根據歷史文獻來看，這樣的一夜城在實務上似乎沒有太大的效果，且這也不是所謂「小田原評定」形成的原因，至於墨俣城一夜城更有可能只是一個傳說而已，在當時可能未必真有這樣的城郭。

交通與入城資訊

入城費用（日幣）：大人500、小孩200
開館時間：9:00-17:00
休城日：12月的第2個星期三以及12/31-1/1
交通：小田原站步行約15分鐘

川越城

由太田道灌所築之關東七名城

　　位於埼玉縣川越市的川越城是江戶時代川越藩的藩廳所在，前幾年很有名的日本劇「仁醫」有許多場景就是在這裡取景拍攝的。川越城距離東京不到一小時就可以抵達，川越城除了擁有在日本城郭中相當珍貴的本丸御殿外，還有川越地標「時の鐘」、川越大師喜多院、富士見櫓跡、川越夜戰古戰場跡等景點都十分值得讀者細心品味。除了「時の鐘」名列日本音風景百選外，川越城本身也名列關東七名城，其他六座分別是忍城（埼玉縣行田市）、前橋城（群馬縣前橋市）、金山城（群馬縣太田市）、唐澤山城（栃木縣佐野市）、宇都宮城（栃木縣宇都宮市）以及太田城（茨城縣常陸太田市）。

基本資料

別名：河越城、初雁城、霧隱城

所在地：埼玉県川越市郭町２丁目１３番地１

種類：平山城

築城者：太田道真、道灌父子

築城年：長祿元年（1457）

歷代城主：谷上杉氏、後北條氏、酒井氏、堀田氏、長澤松平氏

遺跡：富士見櫓、堀、土壘、御殿

天守閣：無

最近車站：JR東武川越站

　　川越城是隸屬於北條氏的領地，後來秀吉發動小田原之戰時，川越城被前田利家所攻陷，由於德川家康在此戰役後被迫由原本的領地轉封到江戶（現在的東京），因此川越城也就由家康指派譜代大名來擔任城主，並負擔防衛江戶城後方的第一道防線。就江戶的防禦策略來看，固然小田原城是鎮守關東江戶的重要城郭，但若後方沒有相對應的城郭來防衛江戶城，那江戶城在軍事上就會出現天然的缺陷，由這樣的邏輯就可以知道川越城對幕府將軍所在地的江戶是多麼的重要。

　　川越城現有的遺跡「本丸御殿」是日本城郭中，極少數可以保存下來的文化財，因為這些御殿通常在明治維新或日本帝國時代因為政治因素被破壞或轉為其他用途，之後又因為都市更新而消失。加上日本在復興當地原本存在的城郭時，復興天守才是第一要務（如名古屋城在第二次世界大戰中因遭美軍空襲而破壞，後來也是先復興天守閣，直到近年來開始重建並完成原本名古屋的御殿），因此要欣賞城郭的御殿是一件比較不容易的事情。除了川越城的御殿外，其他還保有御殿的城郭有高知城之本丸御殿、掛川城的二之

丸御殿、二条城的御殿等，而重新建築的御殿則以2018年修復完成的名古屋城本丸御殿最有名。

　　川越城最早是由太田道真、道灌父子在1457年進行繩張與初步的建築，不過當時的城郭樣貌已經不可考。川越城比較大規模的改建是在寬永16年（1639）由當時的藩主松平信綱進行整修而成為擁有4座櫓與13座門的城郭，記錄幕府第3任將軍「德川家光」事蹟的「江戶圖屏風」，其中就有一部份有這類史料的紀載。原本的二之丸御殿於1864年時因火災中燒毀，之後在1848年重新完成現在川越城的御殿，不過根據史料的推算，目前看到的川越城御殿大約只有當初重建的6分之1的規模，但是玄關、部分大廳以及家臣休息室都完好保存著，現在的川越城已經在2006年被選為日本100名城。由東京前往川越城的交通是十分方便的，你可以搭乘東武東上線經過六個停靠站便可抵達川越車站，下車後在西出口轉乘「小江戶巡迴巴士」約15分鐘車程在「本丸御殿」下車，步行8分鐘即可抵達。

　　來到川越城當然不會只有看御殿而已，另有三個景點也值得我們欣賞，分別是川越冰川神社、川越大師喜多院以及時之鐘。首先介紹川越冰川神社，據傳太田道灌建造川越城時就有這座神社，相傳若把神社境內的白色小石頭帶回去妥善保管就能帶來好姻緣，現在川越神社所珍藏的畫軸和繪馬已經被川越市政府指定為有形文化財產。川越神社還有一個「放小人」的祈福儀式，只要將小紙人放在水上讓他飄過前方的類似鳥居造型的繩子就可以解除病痛，根據川越神社類似繪馬的牌子說明，可以整理出放小人儀式的步驟，分別是（1）投100日幣取一張人形的紙張、（2）對人形紙張吹三口氣、（3）將人形紙張碰觸一下自己覺得不舒服的地方方（如肩膀或小腿等不舒服的位置），這個動作意味著把不好的部分轉移到人

喜多院　　　　　　　　　　　　　川越地標 時の鐘

形紙張那邊、（4）將人形紙張放在水上讓紙張漂流直到人形紙張漂流過繩子下方為止、（5）記得當人形紙張在漂流的時候還要唸著「祓えたまえ 清めたまえ」的咒語，不清楚怎麼念的人可以請Google大神翻譯念給你聽，或參考右邊的發音提示也是可以，那個咒語的羅馬拼音就是 *hara e ta ma e*、*kiyo me ta ma e*。

　　川越大師喜多院建於平安時代天長7年（830）奉天皇詔令由慈覺大師圓仁創建，喜多院屬於天台宗的系統，最早的喜多院在1638年因川越大火而燒毀，現在看到的建築則是在3代將軍德川家光下命修建完成的，寺內存放的五百羅漢像是從天明2年（1782）起經過半世紀陸續雕刻完成的。

　　最後則是時之鐘，身為川越地標的「時之鐘」不但是川越市的重要象徵，也經常出現在許多風景明信片上。據說「時之鐘」出現在川越地區已經有超過四百年的歷史，現在的鐘塔是第4代，是高度16公尺的3層樓木造建築，1天會鳴鐘4次，「時之鐘」的聲音在1996年被日本環境廳認定為「日本音風景100選（日本の音風景100選）」第27號，在城郭中一樣擁有音風景百選的還有彥根城的時報鐘（音風景100選第57號）。

交通與入城資訊

入城費用（日幣）：大人100元、小孩50元

開館時間：09:00-17:00

休城日：12/29-1/3以及週一或假日的隔天

交通：東武巴士「小江戶名所めぐり」於博物館前巴士站下車

戰國最後霸者——德川家康

假名：とくがわ いえやす

時代：戰國時代～江戶初期

誕生：天文11年12月26日（1542年1月31日）

死歿：元和2年4月17日（1616年6月1日）享年75歲

改名：松平元信、松平元康、松平家康、德川家康

別名：竹千代（幼名）、次郎三郎、大御所

性格：杜鵑不啼就等他啼

築城：濱松城、江戶城（大幅改修）、名古屋城、二条城、駿府城

遺訓：

　　人之一生，就好像背著沉重的東西，負重而道遠，凡是切忌急躁。遇到不如意的時候，就想想那是正常的事情就不會感到不足。心中若起了奢望，則想想窮困時的自己，奢望也就會消失了。忍耐乃是長久無事之基礎，要理解到憤怒是你的敵人。當一個人只知道打勝仗，而沒有嚐到敗仗的滋味，這種人遲早會禍延自身。待人處世要嚴以律己，寬以待人。凡事要注意到過猶不及的道理。

　　人の一生は重荷を負って遠き道を行くが如し、いそぐべからず。不自由を常と思えば　不足なし　心にのぞみおこらば　困窮したる時を思い出すべし。堪忍は無事長久の基　怒りは敵と思え。勝つ事ばかり知って負くる事を知らざれば　害その身に至る。己を責めて　人を責むるな。及ばざるは　過ぎたるより勝れり。

　　日本戰國時期最後的霸主德川家康，「忍」是家康最後得取天下的最高指導方針。家康誕生在三河的岡崎城（現今愛知縣岡崎市），幼年曾先後在織田與今川兩大豪族中當過人質。家康在戰國舞台中有過幾次的慘敗經驗，其中以三方原一役被武田信玄大敗最為慘烈，晚年的家康常向別人說信玄公是我的老師，就是他認為在屢次的敗戰經驗中得到許多寶貴的經驗，甚至在家康的遺訓中都認為，沒有戰敗經驗的人是不可靠的。江戶城是家康所建築的代表性城郭，同時也是日本城郭史上規模最大的代表性建築。而家康主要攻陷的城郭則包括掛川城、高天神城以及大阪城等。

德川家康的銅像

和德川家康有關的城：

- ・岡崎城：家康的誕生地

- ・濱松城：家康出世之城

- ・江戶城：江戶幕府之城

- ・名古屋城：中部要塞之城

- ・駿府城：晚年退休之城

- ・二条城：大政奉還之城

第四章

北陸與東海

戰國三英傑的出世之地

名古屋城

以莊重華麗之金鯱而稱著的尾張德川家居城

　　名古屋城可以說是德川家康所建築的最具代表性的平城，而名古屋城也開創了平城發展的開端。慶長17年（1612），天守閣以及各望樓的建築工程大體上均完成了，此後的名古屋也因為成為德川御三家排名第一尾張的居城而繁榮起來。直到第二次世界大戰，名古屋因為是工業大城而遭到美軍猛烈的空襲，包括大天守與小天守、本丸御殿等重要文化財都被燒毀，倖免於難的三個櫓（西北櫓、西南櫓以及東南櫓），三扇門（表二之門、二之丸東二之門、二之丸大手二之門）以及本丸殿屏風畫目前都成為重點保護文物。

基本資料

別名：金鱗城、龜尾城、楊柳城

所在地：名古屋市中區本丸1-1

電話：（052）231-1700

種類：平城

築城者：德川家康

築城年：慶長17年（1612）

歷代城主：德川氏

遺跡：外堀、二之丸庭園

天守閣：鋼骨加上鋼筋水泥所建的五層七階建築物

最近車站：東海道新幹線名古屋車站

　　名古屋城又名蓮左城、楊柳城，大永4年（1524）駿河的今川氏親在此地所建築的「那古野城」是該地最早的城郭建築。德川家康於關原合戰勝利後，戰國時代便可以說是由德川家康成為最後的勝利者，德川為了同時鞏固關東（東京地區）與關西（京都與大阪地區），因此在慶長14年（1609）於日本的中部（現今的愛知縣）選擇原本為那古野城的的地點進行大型城郭的築城計畫，以便鞏固德川幕府東海道的要地。由於之前豐臣秀吉曾經為了彰顯自己的功勳而建築大阪城，我想多少有一些心理因素的作用，此次原本生性節儉的家康一改常態，將名古屋的朝向大規模的方向設計，通常規模過大的城郭其政治目的往往會高於軍事用途。名古屋城的建築除了命令築城名將加藤清正、黑田長政以及大名前田利光、福島正則

等人的參與外，還動員20萬夫役花了5年的時間來完成日本中部地區的第一大城，也就是現在的名古屋城。名古屋城可以說是德川家康在關原之役後最具代表性的平山城建築物。

名古屋城曾在1930年被日本被指定為國寶第一號，可惜在昭和20年（1945），名古屋曾遭盟軍的襲擊而損壞，名古屋城可以說是幾乎全毀，倖免於難的只有三個望樓（西北、西南以及東南的三個望樓），以及三扇門（舊二之丸東二之門、表二之門、二之丸大手二之門），重建的工作從大戰結束後便開始進行，一直到昭和34年才算結束。重建後的名古屋城已經被改建成博物館，另外在城郭內部的二之丸庭園中，設有一間茶室，有時間的話可以在這裡品茶並體會日本的茶道。名古屋可以說是日本中部賞花的最佳去處，春季的櫻花祭、3月份的山茶花展、5、6月的杜鵑花展，以及秋季的菊花大會，都是名古屋城與其他城郭最為不同的主要特色。

名古屋城的售票口旁邊就是名古屋城的正門，正門原先是在1910年將舊江戶城的建物改建而成，不過正門卻在第二次世界大戰被燒毀，隨後在1959年與天守閣一起被重建。名古屋城的護城河分為內護城河與外護城河，現在的內護城河已經沒有河水，是一個空堀，只剩下外護城河還有防禦的功能。

進入正門往前直走約五分鐘就可以在左手邊看到進入本丸以及天守閣的入口正面二之門，此時遊城的路線分為兩種，一種是左轉經由正面二之門直接進入本丸參觀，另一種是直走經過清正公（加藤清正）拉石像並觀賞一系列的日式庭園後，再經由東二之門進入本丸參觀，一進入東二之門就可以看到相當著名的清正石。

對於時間不夠或是對日式庭園較無興趣的遊客可以選擇前者

遊城的方式，若是時間較充分則可以考慮後者的遊城方式，名古屋城內的日式庭園包括二之丸東庭園、二之丸茶館、名勝二之丸庭園等。

正面二之門之前稱做南二之門，門本身以及門柱子外圍都用鐵皮包圍住，使門的結構更為強固，門四周的牆壁還有火槍射擊口的設計，有利於城門的防禦工事。位於本丸內的內護城河兩側有兩座被列為重點保護文物的建物，分別是東南角望樓以及西南角望樓，這兩座望樓都是外觀為雙層屋頂，但裡面設計為三層結構的建物，這兩座望樓的外觀有些相似，唯一不同的是峽間的構造以及所鑲的家徽，西南角望樓的家徽是菊花紋，東南角望樓的家徽則是葵文。除此之外，本丸內的石牆到處都可以看到不同的雕紋，這些雕紋的由來就是當初奉命興建名古屋城的大名為了能夠清楚分辨各自所提供的建材而刻意在自己的建材上刻上標記，最常見的雕紋就是大名本身的家徽。

在這些石塊中有一塊相當巨大的石塊最引人注目，那就是位於東二之

▎加藤清正

▎石牆上的雕紋

門入口附近的清正石。傳說清正石是加藤清正在奉命進行名古屋城的築城工作後，在搬運這塊巨型石塊時，親自帶頭與工人一起將石塊用繩子牽到天守閣，不過也有另一項說法是說親自參與這塊巨型石塊的搬運工作的大名不是加藤清正，而是黑田長政。

　　名古屋城最有名的建築物就是位於天守閣上方的兩座獸頭瓦（鯱）了，這兩座獸頭瓦位於南北兩側，北側為雄南側為雌。其中，雄鯱的高度為2.621公尺，重量為1,272公斤，其中純金的重量為44.69公斤，魚鱗的片數為112片，至於雌鯱的高度則為2.579公尺，重量為1,215公斤，其中純金的重量為43.39公斤，魚鱗的片數為126片。原本名古屋城內部的牆壁都是由狩野派的藝術大師加以揮毫彩飾，不過這些彩繪的牆壁大部分都已經在戰爭中燒毀，碩果僅存的部分現在已經被指定為重要的重點保護的文化遺產。

　　跟名古屋城最為相關的歷史人物首推德川家康，這位開創三百年德川幕府的英雄人物，其一生的奮鬥過程最為重要的精神可以說是「堅忍」兩字。家康出身地位處兩大強國的交界，因此，家康幼年時期就是以人質的身份在兩個敵國中度過，由於人質的身份常常會有生命的威脅，而其意志也會被受到打壓，大多數的歷史學家都相信德川家康在織田家的人質生涯應該結識織田信長，而這段情誼也奠定了日後兩雄合作平定天下的基礎。德川家康是日本戰國時代最後的勝利者，家康之所以能夠獲勝並開創德川幕府，其實背後有相當多的歷史故事，不過最重要的因素除了家康本身的政治智慧以及軍事能力都相當優秀外，家康本身相當長壽，以及其子孫也相對比織田、豐臣家族優秀可以說是決定性的因素。名古屋城可以說是生性相當節儉的家康所建築過的最大型城郭，雖然戰國三雄都是誕生在愛知縣，不過現在真正在愛知縣能夠遺留下最多的歷史文物或

是建築的也只有德川氏了。織田氏因為過早逝世，其無形的影響力遠遠勝過有形的因素，至於豐臣氏則是因為在其生命後期已經將重心轉移到大阪，因此其影響力也就自然比不上家康了。

建築於1609年的名古屋城，在1945年的空襲中有眾多建築物被燒毀，天守閣也沒有倖免，之後在廣大名古屋市民的捐助之下，於1959年以鋼筋混凝土重建了天守閣。重建後的名古屋城與大阪城、熊本城並列日本三大名城，然而熊本城在2016年4月14日因地震而嚴重損毀（預計需20年才能修復，並預定在2037年公開），而名古屋城也因為這次的熊本事件重新檢閱相關的耐震工事，經過評估後，認為現在的名古屋城已經超過了60年，並由於設備老化以及建築物的耐震性問題而於2018年5月1號停止對外開放。由於名古屋保留大量有關名古屋城的歷史與建築資料，因此根據史實進行原貌復原有很大的可能，因此名古屋市決定將天守閣以木造結構進行修復，預計2022年底完工後才對外開放。雖然現在天守閣已經不對外開放，但是已經完工的名古屋御殿也是一個欣賞的重點。名古屋御殿建於1615年原本是尾張藩主的宅邸，但是在1945年的空襲中被燒毀了，而在2018年完工的本丸御殿是按照江戶時代（1603-1867）的設計完成復原工程。由於名古屋本丸御殿全都使用柏木等名貴木材，因此在入館欣賞的時候禁止用手觸碰、需穿御殿準備的拖鞋、禁止使用手機、禁止飲食。

歷史

德川家康為了江戶幕府的安泰，需要能夠一方面鎮守東海、一方面又能守備大阪，因此命令加藤清正等20位西國大名耗時3年於

慶長17年（1612）完成具有上述指標意味的平城，初代的城主是德川義直，之後的兩百五十年，德川御三家一直居住在名古屋城，直到明治維新後，才被陸軍將本丸當作離宮來使用。可是，在第二次世界大戰的時候，名古屋城有一部份的建築被燒毀了，碩果僅存的建築物包括西北櫓、西南櫓以及東南櫓。西南櫓又稱未申櫓，外面是雙層屋頂，裡面是三層的結構。在西南兩側的棚頂有戰備時使用的「石落」，以預防外部的攻擊。西南櫓在濃尾大地震時受損，後來才加以修復。西南櫓上面的鯱還可以看到菊花紋。東南櫓又名辰巳櫓，其規模與結構都與西南櫓相同，只有在「破風」的結構上不一樣。東南櫓上面的鯱可以看到葵紋。而西北櫓又稱為戌亥櫓、清須櫓，是用其他建築物的材料所築成的。昭和34年（1959），名古屋城根據往昔天守閣的模樣進行重建的工作，本丸御殿也重新對外開放，並作為展示室來使用。名古屋城內的石牆上隨處都可以看到有各式記號的石頭，這些記號是大名收到築成的通知後，將自己所搬運來的石頭刻上記號以利與其他大名的石頭加以區別。

交通與入城資訊

入城費用（日幣）：大人500、國中生以下免費
（名古屋城天守閣自2018年5月7日起閉館，預計2022年底完工後對外開放）

開館時間：09:30-16:30

休城日：12/29-01/01

交通：名古屋車站下車步行15分鐘

有妙
觀點

　　喜歡日本戰國史的人都知道，在日本的戰國歷史上有所謂的三英傑，分別是織田信長、豐臣秀吉以及德川家康，分裂的日本也經由這三位的先後努力而完成統一，最後由德川家康在江戶建立為期三百多年的德川幕府，而名古屋就是這三位大名的誕生地，因此位於愛知縣的名古屋城自然就成為我開始研究日本城郭的第一個選擇。當中部國際機場尚未啟用前，現在名古屋國內機場便是當時的國際機場，如果還去過早期的名古屋空港，當飛機抵達名古屋上空時，會在上空盤旋一些時間，這是當時前往名古屋時會有的特殊經驗。此外，雖然早期的名古屋機場並不大，但你一樣可以感受到日本所給人那種獨特乾淨的感覺。從名古屋空港經由機場聯外巴士到達市區的路上，你可以在高架道路上看到名古屋城，直到現在我都還可以感受到當初從巴士的車窗上看到名古屋城的另一種意外與興奮的感覺。不過在中部國際機場完工後，先前的名古屋機場已將降格為日本國內機場，名古屋機場與市區的聯絡方式就多了鐵道方式，同時也失去了在高速公路上欣賞名古屋城的機會。名古屋市雖然是日本的第四大都市，不過相較於前三大都市而言（東京、橫濱以及大阪），總是感覺名古屋給我一種獨特的感受，而這種感覺不論是在名古屋空港、名古屋市乃至名古屋城都可以感受到。

犬山城

日本唯一非政府所擁有的國寶天守

　　犬山城別名白帝城，是引用唐朝詩人李白詩句描述白帝城的詩句中而來的，白帝城是三國時代蜀漢皇帝劉備病逝的地方（位於重慶市東部），由於該城面臨長江北岸，而犬山城則是倚靠在木曾川邊，其地理環境相當接近，因此犬山城也被稱之為白帝城。犬山城是屬於木造本瓦屋頂，天守閣為三層四階地下二階的日本最古老木造天守，登上天手閣可以瞭望整個木曾川的風景。犬山城除了是著名的賞櫻景點外，每年的6-9月的花火節以及乘坐船屋近距離觀賞鸕鷀捕魚的傳統也很有名。

基本資料

別名：白帝城

所在地：愛知縣犬山市犬山字北古卷65-2

電話：（0568）61-1711

種類：平山城

築城者：織田信康

築城年：天文6年（1537）

歷代城主：織田氏、成瀨氏

遺跡：獨立天守閣

天守閣：木造本瓦屋頂三層四階地下二階

　　「朝辭白帝彩雲間，千里江陵一日還，兩岸猿聲啼不住，輕舟已過萬重山。」這是李白在描寫中國白帝城的景致，由於犬山城與白帝城的地理環境有些類似，後來日本江戶時期的儒學家荻生徂徠（おぎゅう　そらい）便引用李白的詩句將白帝城隱喻為犬山城。

　　犬山城的發展可以追朔到室町幕府時代，其建築的歷史超過了470年，其天守閣是屬於三層四階（外觀3層內部4層）地下2層的結構，犬山城的規模雖然是日本現存五座國寶中規模最小的，不過位於三層的唐破風以及頂層的迴廊式建築風格，都是望樓型天守中很具代表性的典型建築特徵。犬山城的建築是經過不同時代累積而成的，雖然在室町幕府時代就有織田廣近在現址築城，不過那時候的城郭發展技術還不成熟，只能算是小城塞，到了天文6年（1537），才有織田信康（織田信長的叔父）完成犬山城初步的規模，不過因為當時築城技術尚未成熟，因此築城工事相對的繁複，真正完工的日期已不可考。附帶一提的是，犬山城其實與清

上：犬山城下町
下：犬山城登城階梯

洲城都算是織田本家的城郭，不同的身為織田當家的織田信定（信長的祖父）將家督位置給了織田信秀（信長的父親），而犬山城則是由織田信康以信秀代理人的角色前往治理，但戰國時期兄弟會爭奪家督而發生戰爭是很常見的事情，也因此當後來信康的兒子信清成為犬山城主時，會對信長採取敵對的態度，也有人稱為這是犬山織田家與清洲織田家的抗爭。

　　本能寺之變後，犬山城的治理權也陷入混亂，經常因為權力的變化更換城主。直到豐臣秀吉掌握權力後才由石川備前守貞清擔任城主（因為石川貞清在秀吉征伐小田原時相當活躍，因此戰後便將犬山城給予石川氏做為獎勵），在此之前，犬山城可以算是織田勢力的城郭。不過豐臣秀吉死後，德川家康成為威脅豐臣政權的障

礙，後來更發生關原合戰（1600），當時犬山城城主貞清因為參加石田三成為主的西軍，後來西軍戰敗，因此戰後石川被德川家康改易，此後犬山城便成為德川氏的直屬領地。現在的日本喜歡用東西軍對抗來說明關東與關西的競爭，如綜藝節目「料理東西軍」等，其緣由都是由關原合戰開始的。

　　江戶開幕後，犬山城分別在慶長6年（1601）與慶長12年（1607）年間由小笠原吉次以及平岩親吉擔任城主，平岩親吉過世後，犬山城城主一度懸缺了六年，直到元和3年（1617）才由成瀨正成繼任城主，也宣告了犬山城現今的擁有者成瀨氏正式登場，犬山城的唐破風也是在成瀨正成時代增築上去的。從此以後，犬山城成為成瀨氏九代的居城。

　　明治4年（1872），日本政府開始實行廢藩置縣，犬山城因而被廢除，幸而並未遭到被拆除的命運。但是在明治24年（1891）發生濃尾地震，犬山城的部分天守閣建物、櫓以及城門都遭到損壞。日本政府因為沒有財源修復，因此在明治28年（1895）以修復犬山城為條件將犬山城歸還給最後一任城主成瀨正肥，因此犬山城在這個因緣下成為日本國內唯一個人擁有的城郭。日本政府於1935年根據當時的國寶保存法將犬山城指定為國寶，而在1952年則根據新的文化財保護法再被指定國寶，一般習慣將第一次的指定稱為舊國寶，新的指定稱為新國寶，犬山城是不論新舊國寶都有被指定，一樣是號稱日本最古老木造天守的丸岡城，在新國寶的評鑑中就沒有被指定為國寶了。犬山城曾經在1961年進行大規模的修復工作，修復的工程於1964年完成。現在的犬山城已經於平成16年（2004）4月交給財團法人「犬山城白帝文庫」來管理。

　　犬山城附近有許多有名的景點，如明治村便是將明治時代

（1868-1912），散布在日本各地最具有建築歷史價值的67棟建築物全部移到愛知縣犬山市的明治村博物館加以保存並供遊客欣賞，有興趣的人可以在名鐵名古屋車站購買套票，包含明治村的入場券以及明治村－名古屋車站的來回車票，合計2,140日幣，相當划算。除此之外，由犬山遊園站走路約7分鐘的路程可以來到已經被指定為國寶的古跡茶室「如庵」。有樂苑「如庵」是織田信長的弟弟織田長益（有樂齋，也稱源五郎）所興建的，有樂齋原本是以協助豐臣與德川安樂為己任，但在大阪冬之陣後，由於情勢已非自己能夠控制，因此便捨棄了武士的身分在京都開始他的隱居生活並進行茶道的修練。有樂齋身為織田信長的弟弟，也曾在戰場上活躍過，晚年的時候僅以一萬石的俸祿生活，與前田利家的加賀百萬石簡直不能相比，不過人各有志，織田長益後來成為日本安土桃山時代到江戶時代初期的茶道名人。其實有樂苑「如庵」原先建築在京都，後來在明治41年（1908）被移築到東京附近的神奈川，於昭和11年（1936）被指定為重要文化財，並在昭和26年（1951）並指定為國寶，後來因為建築大型公寓而在昭和47年（1972）移築到愛知縣的現址。

2006年NHK製播的第45部年度大河劇功名十字路（功名が辻～山內一豐の妻），是NHK近年來繼「利家與松」、「花之亂」之後再度以女性為主角的大河劇。功名十字路是改編自司馬遼太郎的歷史小說，其內容是敘述日本戰國時代的武將山內一豐，其妻子山內千代（見性院）如何在織田信長於桶狹間一役開始崛起直到德川家康統一天下這段期間，默默在背後協助丈夫由一介浪人成為第一代土佐藩藩主的感人故事。由於該劇的男主角山內一豐（初代土佐藩主）出身自尾張国葉栗郡黑田（現在的愛知縣一宮市木曾川町黑田），離犬山城很近，因此功名十字路播出後，意外的吸引了更多的遊客前往犬山城。

有妙
觀點

　　犬山城位於愛知縣北邊的犬山市，矗立在木曾川南岸，離名古屋只有約40分的車程。記得第一次去犬山城的時候，還不太知道要如何搭日本的火車，為了省錢只好搭普通車，花了快一小時才到，後來才知道其實可以搭快速或急行，其實價格一樣。另外，第一次前往犬山城你或許會發現靠近犬山城有兩個車站，一個是犬山站，另一個則是犬山遊園站，真正離犬山城較近的車站是犬山遊園站而非犬山站，由名鐵犬山線犬山站下車，步行約10分鐘即可到達，其中會有一段小山路。這一點就像我們在台北搭捷運到士林夜市一樣，要在劍潭站下車，在士林站下車反而比較遠的情況是一樣的。一般說來，犬山城常被稱為日本最古老的木造天守閣，不過也有人主張福井縣的丸岡城才是最古老的木造天守閣，會有這樣的差異是因為犬山城的天守閣只有一、二階是當初原本的建築，三、四階則是後來陸續增建完成的，至於丸岡城則沒有這樣的情形。不過丸岡城曾因為地震損毀而重新搭建（使用原建材），也就是因為有這樣的緣故，所以犬山城與丸岡城都有人認為該城是日本最古老的天守閣。犬山城已經有超過470年的歷史，登上天守閣最頂層，往東以順時針方向依序可以看到木曾御岳、惠那山、小牧山、濃尾平原、伊吹山、美濃山。天氣好的時候往美濃山方向還可看到岐阜城，不過犬山城很容易有霧，想要看到岐阜城可能還是不太容易。附帶一提的是犬山城遊園站的自動販賣機有賣熱的蘋果茶，相當好喝，有機會到犬山的話千萬要去品嚐一下。

交通與入城資訊

入城費用（日幣）：大人550、小孩110
開館時間：09:00-17:00
休城日：12/29-12/31
交通：犬山遊園車站下車步行15分鐘

金澤城

加賀百萬石物語「利家與松」的居城

　　金澤城遺跡是金澤的中心，也是城下町金澤的象徵，在明治維新之前一直是加賀百萬石前田家族的居城。金澤城天守原本是模仿豐臣秀吉的大阪城而造的5層天守閣。但因遭遇多次火災，特別是在1881年的大火，將城內建築幾乎全部燒光。現在的金澤城只保留城牆和石川門等少數建築。石川門是金澤城三丸的後門，天正11年（1583）和寶曆9年（1759）經兩次大火燒毀後，於天明8年（1788）重建。位於金澤城對面的兼六園則是相當著名的旅遊景點。

基本資料

別名：尾山城

所在地：石川県金沢市丸の內1番1号

電話：（076）234-3800

種類：平山城

築城者：佐久間盛政、前田利家

築城年：1580年

歷代城主：佐久間氏、前田氏

遺跡：長屋、石川門、石垣、堀

天守閣：無

最近車站：JR金澤車站

　　金澤的發展可以追朔到1583年，當時織田信長為了加強統治加賀、越中、能登等地區，命令當時還在柴田勝家麾下的部將前田利家（前田利家同時也是織田的直屬部隊），由七尾的小丸山城入城，開始在金澤修建城牆和護城河，並在城周圍興建武士住宅，在道路規劃中設計死胡同、彎路與丁字路等來機制以加強城郭的防禦能力，也才金澤城開始初具規模。前田家傳至第三代時，整個金澤城的城下町的規模大抵完成。但對於剛成立的德川幕府而言，以強大財力為後盾的加賀藩，始終是幕府政權穩定的一個潛在威脅，尤其前田家是身為豐臣政權五大老中最有權力的。不過在前田利家過世後，天下局勢已經逐漸被德川所掌握，其夫人松為了前田家地位的穩固，便自願到江戶城居住，實際上是當作人質。爾後在德川幕府統治的江戶時代，前田家一直是享有百萬石俸祿的最大的大名。直到明治維新為止，前田家共傳13代藩主，共統治加賀地區達

兼六園中的內橋亭（蓮池庭四座亭台之一）

285年。前田利家與豐臣秀吉在織田信長麾下時，分別有犬與猿的
稱呼，可見兩人的深厚友誼，因此利家在建築金澤城時便模仿秀吉
的大阪城而造，其高聳的石牆以鐵錠築牆、上覆鉛瓦的箭樓和大門
相連。可惜該五層的壯麗的天守閣於1602年因遭雷擊而焚毀，前田
氏為了表示對德川幕府的忠誠，便沒有重建天守閣的計畫。即便如
此，金澤城日後仍遭遇多次的祝融，大部分的建築都被燒毀。現存
的只有城牆和石川門等少數建築。石川門是第十一代藩主前田治脩
時期重建的，屬於一個二層櫓的建築，門上釘滿鑲鐵大釘。石川門
僅僅是金澤城的一部分，儘管如此，仍能現存的部分建築看出當年
百萬石大名居城的豪華和威風。此外，城內留下的建築還有「三十
間長屋」，這是當年儲藏軍糧的倉庫。

　由於現在的金澤城只剩下石川門等建築，因此不論是自助旅遊
或跟團，大都會以兼六園為參觀重點。現存的石川門建於天明8年
（1788），其特色是白色的屋頂是使用鉛瓦所製成的，目前是日本
政府指定的國家重要文化財，石川門與三十間長屋都是金澤城為數
不多的古建築之一。石川門由一門、二門及二門之間的斗拱、雄偉
的箭樓、鉛瓦以及隱藏在城壁內的鐵砲臺、落石台等構造組成。

　　與金澤城齊名的兼六園，其面積有114,436.65平方公尺，園內的數目種類多達183種，數量更高達8,750株，其中唐崎松由於其枝繁葉茂，是兼六園裡最漂亮的松樹。唐崎松是第十三代藩主齊泰由琵琶湖畔的唐崎取得種子培育而成的黑松，每年11月1日開始的「雪吊」（用來防雪護樹的吊繩），成為宣告北陸冬天到來的第一道風景線。

　　取水可以說是兼六園的一大特色，在寬永年間所發生了大火，翌年，奉第三代藩主之命，商人板屋兵四郎從犀川的上游引水作為金澤城的防火用水，稱之為辰巳用水設施。沿著園內流動的曲水小溪就是利用辰巳用水的豐富水源而形成的。兼六園曲水兩岸種滿了櫻花樹，每逢4月，盛開的櫻花讓兼六園成為遠近馳名的賞櫻名勝，尤其是兼六園的菊櫻，其花瓣的數量比其他種類的櫻花還多也是賞櫻的重點之一。

▌橋詰門（復原）

金澤城五十間長屋

　　兼六園至今仍相當完整的保留了江戶時期代表性的林泉回游式
大庭園的特徵，兼六園原先是屬於金澤城外圍庭院的建築，直到延
寶4年（1676）加賀藩第五代藩主前田綱紀將此地方的作事所（工
程所）移到城堡內，建造蓮池御亭，四周改建為庭院，當時稱之
為蓮池亭，也就是兼六園的前身。寶歷9年（1759）金澤發生大
火，蓮池亭大部分建物都被燒毀，直到第十一代藩主才開始庭園
的修複工作，並在安永3年（1774）建築了保留至今的夕顏亭以及
翠瀑布。

　　文政5年（1822）第十二代藩主齊廣建造了豪華的隱居地──
竹澤府邸，並在其庭院內挖曲水小溪，架立各種石橋。竹澤府邸完
成的那年齊廣拜托奧州白河藩主白河樂翁為園取名，樂翁由中國宋
代詩人李格所著的「洛陽名園記」中取其兼備宏大、幽邃、人力、
蒼古、水泉及眺望等六勝，命名為「兼六園」。竹澤府邸完工兩年
後齊廣便過世了，第十三代藩主齊泰對於庭園進行部分修建工作，

讓整個庭園更加協調，至此便形成了如今所看到的回游式庭園基本結構。

　　廢藩後，明治7年（1874）兼六園開始對外開放，並於大正11年（1922）根據「史跡名勝天然紀念物保存法」將兼六園指定為名勝，爾後兼六園更在昭和60年（1985）被指定為特別名勝。

交通與入城資訊

入城費用（日幣）：無，兼六園內部分設施要收費
　　　　　　　　　　大人310、小孩100

開館時間：07:00-18:00（3/1-10/15）、
　　　　　　08:00-16:30（10/16-2月底）

休城日：無

交通：JR金澤車站前搭計程車約10分鐘，或搭巴士13分鐘在兼六園站
　　　　下車

岐阜城
● ● ● ●
織田信長「天下布武」之城

　　位於金華山頂的岐阜城以作為齊藤道三以及織田信長
的居城而著名。金華山是一座標高329公尺的秀麗青山，
由於金華山別名稻葉山，因此岐阜城也稱為稻葉山城。雖
然岐阜城給予人難攻不落的印象，不過在歷史中確有六次
被攻陷的紀錄。身為山城，要登上岐阜城想當然爾是需要
搭乘纜車的，登上金華山頂的岐阜城可以挑望整個伊勢
灣，天氣好的話連北阿爾卑斯山都可以看到。身處岐阜城
所在的金華山上，空中常可看見老鷹，俯瞰又有長良川的
美麗景致，讓人有登泰山而小天下的感覺。

基本資料

別名：稻葉山城
所在地：岐阜市金華山天守閣18
電話：（0582）63-4853
種類：山城
築城者：二階堂行政
築城年：建仁元年（1201）
歷代城主：二階堂氏、齊藤氏、織田氏、池田氏
遺跡：無
天守閣：鋼筋水泥所建的三層四階建築物
最近車站：東海道線岐阜車站

　　岐阜城位於愛知縣北部，位於海拔超過3,000公尺的「飛彈」山岳地帶至木曾川、長良川與揖斐川等三大河川所匯集而成的美濃平原上。據說岐阜城可以追朔到鎌倉時代初期二階堂行政所建，當時的鎌倉幕府為了軍事目的而在金華山等建築軍事的防禦設施，後來因城主改姓稻葉，所以稱為「稻葉山城」。隨著戰國時代齊藤道山、織田信長等名將的登場，岐阜城也因這些歷史人物而擠身天下名城之列。在慶長5年（1600）所發生的關原之役中，當時的城主織田信秀是站在西方聯軍中，在前哨戰中失敗後，德川家康便下令將天守閣、石壁等建物移到加賀城，並廢止岐阜城。

　　熟悉日本戰國史的人，提到岐阜城就一定會聯想到腹蛇齋藤道三以及戰國風雲兒織田信長兩位人物。齋藤道三本名勘九郎，是日本戰國時期美濃的大名，與北條早雲、松永久秀被後人合稱為「戰國的三梟雄」。齋藤道三被人稱「美濃的蝮蛇」，主要的原因是因為他的發跡與失落可說是日本戰國時期下剋上精神的完全體現。

其實齋藤道三早年的身份一直是個謎，比較普遍的說法是認為道三曾經在京都當過賣油商人，之後使用「長井規秀」的名字在美濃的土岐家重臣長井家做事。1542年齋藤道三趕走土岐家家督土岐賴藝而成為美濃的國主，不過齋藤道三在治理美濃的時期，大部分的時間均與尾張的織田信秀進行戰爭，後來道三將自己的女兒齋藤歸蝶（也就是後來的濃姬）嫁給信秀之子織田信長，美濃與尾張才稍微平息戰爭並得以調養生息。之後齋藤道三將家督之位讓予其子齋藤義龍，並剃髮隱居。不過由於齋藤道三與齋藤義龍因諸多因素造成兩方長期不和（也有一說義龍並非道三的親生兒子），雙方於1556年在長良川開戰，齋藤道三在織田家的援軍尚未來到便戰死。織田信長為了報道三的仇（我想多半是為了領土擴張而找藉口吧），因此開始準備攻擊稻葉山城所需的軍事整備，其中能否先攻站擊墨俣便成為一個很重要的指標。傳說當時在信長麾下工作的木下藤吉郎（日後的羽柴秀吉，最後並成為日本平民英雄的豐臣秀吉）建立墨俣一夜城城（也就是在一夜之間將城郭建立起來），並成功為進擊稻葉山城建立有力的據點。隨著木下藤吉郎策動竹中半兵衛、西美濃三人眾（稻葉一鐵、氏家直元、安藤守就）與野武士（如蜂須賀正勝、前野長康）等原先屬於齊藤方的勢力加入信長陣營，織田軍終於在1567年於伊勢長島擊敗齋藤龍興，將美濃國納入版圖，成為統治尾張、美濃兩國的大名。當時有傳言說「取得美濃者可取得天下」，因此當信長取得美濃後，便採用中國周王立於岐山後，打倒殷朝統一天下的故事，將美濃國舊主土岐氏、齋藤氏的據點「井之口」改名為岐阜，稻葉山城也更名為岐阜城，並開始使用「天下布武」印，開啟了織田信長統一天下的征途。

　　現在的天守閣是在昭和31年（1956）7月在當地市民的殷切建議下重新建築的，築城的地點是在標高329公尺的金華山頂，除了

岐阜城登城遠眺長良川

是岐阜市中心外，也到處佈滿了原生林，從天守閣遠眺，其景致可以說是天下一品，除了東邊的惠那山、北邊的日本阿爾卑斯山外，因鵜飼而聞名的長良川就在下面，而西邊的芳吹山、南邊的伊勢灣也都可以看的見。岐阜縣內有多達12座的自然公園，而著名的旅遊景點包括有1,200年歷史的「長良川魚鷹捕魚」、沿著木曾川漂流而下的「日本萊茵河乘船下行」、穿越日本最高海拔的「山上遊覽公路」以及日本三大溫泉之一的「下呂溫泉」等。其中，長良川魚鷹捕魚活動在每年5月11日到10月15日舉行，而由六艘魚鷹船隊所組成橫列一起操作魚鷹的「合戲魚鷹」則是此活動的高潮。

織田信長像

　　岐阜離名古屋其實不遠，搭JR大概不需要一個鐘頭便可以到達，但由於岐阜城位於金華山頂，若要徒步上就要做好心理準備，路途雖不遠但會很累，建議還是花1,080日幣買張金華山纜車券，費時不到三分鐘便可到達岐阜城，搭乘纜車的時候除了可以沿途俯瞰金華山外，還可以經由纜車內的廣播系統瞭解岐阜的歷史喔，搭乘時不會有台北貓空纜車較於悶熱的缺點，請安心囉。

交通與入城資訊

入城費用（日幣）：大人200、小孩100
開館時間：09:00-16:30
休城日：全年無休
交通：岐阜車站下車，再改搭登山纜車上山

關原古戰場

決定德川與豐臣政權命運的關鍵一戰

要談論關原之戰就要先說説織田信長、豐臣秀吉與德川家康等三位武將，這三人被稱為日本戰國時代的三英傑，其共同特徵就是這三人都是尾張（現令愛知縣）出身的人，豐臣秀吉是織田信長的下屬、而德川家康則是織田信長的戰略夥伴（雖説美國也稱日本為戰略夥伴，但是明眼人一看也知道這個伙伴的關係似乎不是那麼對等，德川與織田的關係就有點像現在日本與美國的關係）。織田信長因為本能寺受到部下明智光秀的叛變而身亡、之後豐臣秀吉又幫織田信長報仇滅了明智光秀並接收織田的勢力，最終統一了日本。可是豐臣秀吉在過世前做了一堆匪夷所思的事情（如攻打朝鮮、殺了自己的關白姪子等），因此當豐臣秀吉於慶長3年8月18日（1598.9.18）在伏見城內一過世就讓家康馬上有了可以取而代之的局勢。

因為秀吉出兵朝鮮讓內部分為文官與武將兩派，前者以石田三成為首，後者被德川家康巧妙收編。關原戰爭發生在慶長5年9月15日（1600.10.21），東軍在關原之戰的勢力約75,000-104,000人、西軍約80,000-120,000人，可是西軍的毛利25,000兵力並未進入戰場參戰，而戰爭局面在開戰中期後因小早川秀秋的15,000兵力陣前倒戈而逆轉，最後造成西軍潰敗，接下來的故事對於熟悉戰國歷史的讀者而言就很清楚了，就不在此贅述。

在這場戰爭中當然也有許多的城郭成為幕後許多場景的舞台，限於篇幅的關係，我們就舉三個城當例子。首先是伏見城，秀吉在此病逝後便由家康指派其家臣鳥居元忠駐守，鳥居元忠自小就陪伴

JR關原車站前

關之原合戰400年紀念碑

在德川家康身邊，當家康由大阪返回江戶時前往與鳥居元忠道別時，就知道鳥居元忠日後會因為與西軍的戰爭讓獨留西軍陣地駐守的鳥居元忠身陷死境而深感悲傷與不捨。而日後鳥居元忠也在小早川秀秋、島津義弘、毛利秀元、宇喜多秀家、鍋島勝茂等人的攻打下而犧牲。

第二個就是佐和山城，這個原本是西軍石田三成的居城，在戰爭結束後被廢，取而代之的在東軍立下戰功的井伊直政，之後更領有原本石田三成的領地並修建彥根城，現在你到彥根車站就可以感受到這兩個城的巨大區別，彥根城已經列入世界文化遺產的候補名單，而佐和山城則僅有立碑紀念而已。

最後就是岡山城，因為小早川秀秋倒戈而被擊敗的宇喜多秀家，其領地後來被德川家康轉封給小早川秀秋，一手建造的岡山城也因此易主，而宇喜多秀家因為不願意背負被判豐臣家的罪名，便被流放到八丈島過完一生，其子孫甚至到了明治維新後才恢復自由之身。

當初關原之戰的地點現在已成為戰國迷的朝聖地，近年來每年都會在這裡舉辦「關原合戰祭」，有興趣的讀者可以在網路上找到相關的行程，若要自行前往也很簡單，地點是在岐阜縣不破郡關原町一帶，只要搭乘JR東海道本線在「關原站」下車即可到達。

第五章
近畿
戰國城郭的華麗舞台

大阪城

見證天下人豐臣秀吉與德川家康兩氏變遷之城

　　1583年羽柴秀吉（後改姓「豐臣」）在石山本願寺的原根據地上建造大坂城，期間經過多次翻新成為了堅固的城池，但是亦有缺點，就是南方的空地缺少地理的天然屏障，不易於防守。在大坂冬之陣中，真田幸村特別架構了真田丸防禦，擊退了德川軍的先鋒部軍，其後的議和條件便是拆除真田丸。議和後不久，豐臣家毀約嘗試於該地再築，最終再起戰禍導致豐臣氏滅亡。大阪城象徵著豐臣秀吉在日本的無雙權力，卻也在政治無情的殘酷事實下，殘留著豐臣遺孤被歷史遺棄的痕跡。

基本資料

別名：錦城、金城
所在地：大阪市中央區大阪城1-1
電話：（06）941-3044
種類：平城
築城者：豐臣秀吉
築城年：天正11年（1583）
歷代城主：豐臣秀吉、豐臣秀賴、松平忠明、德川氏
遺跡：大手門、多聞櫓、千貫櫓、金藏等
天守閣：鋼筋水泥重建的五層八階建築物
最近車站：JR環狀線大阪城公園車站

　　大阪城又稱為金城、錦城，是四百年前由豐臣秀吉所建的，隨著豐臣氏的滅亡，大阪城也在大阪夏之陣中嚴重損傷。爾後德川幕府在1619年將大坂城納為天領（直轄領地），並設立大坂城代，1620年開始進行大坂城的重建工作，但是重建後的大阪城將一切與豐臣相關的事物均徹底抹除。1665年大阪城的天守閣被閃電擊中而燒毀，自此成為了沒有天守的城池。1868年鳥羽・伏見之戰期間再遭祝融，幾近全毀，原址一度轉為明治政府的陸軍基地，直到1928年在當時的大阪市長關一的奔走募款下，1931年終於完成了以鋼筋水泥復築的天守閣。後來第二次世界大戰期間大阪城再度受到美軍猛烈空襲，雖然復興天守此次僥倖無事，但先前逃過戰禍的週邊建築卻劫數難逃。日本敗戰後大阪城被美軍接收，1948年時美軍不慎引發大火，又失去了紀州御殿。大阪城現今的構造是在昭和初期所重建的，其構造與德川幕府的時代的大坂城相似，並以天守閣為中心擴展為大阪城公園，1997年日本政府指定為登錄有形文化財。

　　現在的大阪城已經是大阪市的精神象徵，大阪城植樹相當多，據統計約有十七萬株左右。在日本的歷史上，最為好大喜功的大概除了豐臣秀吉外不做第二人想，在天正11年（1583）的賤岳之役，柴田勝家被豐臣秀吉擊敗後，當時日本的實質大權已經逐漸向秀吉靠攏，因此秀吉在此時便打算建築一座豪華巨大的城郭，一方面向世人展示他的政治軍事實力，另一方面也有助於統一天下事業的進行。秀吉最後選擇原先是石山本願寺（由證如上人所建，本願寺在1850年被織田信長所滅）的寺跡為築城的地點，這個地方除了西臨瀨戶內海外，另外還有大和川以及澱川所圍繞，這些天然的屏障都是極佳的築城地點。為了築城，秀吉動員了6萬夫役花了4年的光陰才完成這座前所未有的豪華巨城。大阪城完成後，豐臣秀吉還迫使京都附近的大商家遷居大阪，使大阪城為當時的金融貿易中心。

　　大阪城的歷史可以分為四個時期來探討，第一個時期當然就是豐臣時代的大阪城，這個時期的大阪城在天正11年伴隨著秀吉統一大業的的興起而被塑造成豪壯規模的城郭，不過這座黃金之城在秀吉逝世後的第17年（慶長20年）於大阪夏之陣中被完全燒毀。第二個時期的大阪城是由德川幕府所重建的，並成為二代將軍德川秀忠的直轄地，這個時期大阪城的重建工作前後共花了10年的時間（元和6年到寬永6年），不過天守閣卻在城郭完工後36年被大雷擊中而燒毀，其後在德川幕府的一段相當長的時間，大阪城都處於沒有天守閣的狀態，雖然幕末有一些大修復的動作，不過隨之而來的明治維新動亂又將這些重建的建物燒毀了。第三個時期就是昭和時期的天守閣復興運動，昭和6年在大阪市民的熱切支持下以鋼筋水泥為建材重建大阪城為標高55公尺的建物，可是後來因為爆發了太平戰爭造成大部分重建的建物都被摧毀，戰事結束後，大阪城以史蹟公園的身分重新出發，而隨後興建的包括音樂堂、博物館等建物都使大阪城公園的腹地更加的廣大。最後一個階段就是平成的大改修

（1997），日本在平成年間進行大阪城大規模的整修工作並在平成7年完成，最大的改變就是將大阪城鑲上金箔，搭配上重新塗裝的白漆襯托出大阪城美麗豪壯的氣息。而天守閣將耐震度提高到七級以及天守閣內新增許多文化以及休閒的設施都是這次平成改裝的重點，經過這次的改裝，大阪城可以說算是真正的重生了。

就算是你對於日本城郭的瞭解相當的有限，相信大阪城對於許多人而言多多少少還是會有一些印象，而大阪城的知名度也可以說是在日本城郭中的冠軍，如十幾年李登輝前總統前往日本就醫時，就特地參觀了大阪城。我還記得當時報章媒體有些關於大阪城歷史的報導，可惜這些文章的內容都和史實有相當的出入，其實在關原之役時期的大阪城可以說是處於一個相當複雜的歷史情懷中，而大阪城就在面對影響力迅速衰退的豐臣政權以及新興的德川勢力這兩股歷史力量中，大阪城也或多或少註定了日後悲劇性的命運。

現在的大阪城占地73萬平方公尺，包括了森林公園、運動場、音樂堂等設施，是一個充分表現出多重面貌的觀光景點。天守閣的建築為五層八階，光是天守台就有13公尺，城內保有豐臣秀吉木像等珍貴文物約八千種，由於大阪城的電梯只有到五樓，因此要到最頂八樓必須要從五樓開始爬樓梯，登上高度近40公尺的天守閣後可以欣賞整個大阪府的街景，天氣好的話還可以看到六甲山。

據說原本豐臣秀吉所建築的大阪城規模是現在的五倍，只可惜原本的大阪城幾經戰亂不是早已燒毀，就是遭受雷擊而毀壞，儘管如此，還是有一些文物被幸運的保存下來，如被指定為重要文化財的大手門、多聞櫓、乾櫓等。現今的大阪城雖然是在昭和6年所重建的，不過規模也是相當大，光是城郭外圍的石牆，其長度就有12公里，此外，大阪城的多聞櫓號稱是日本最大規模的櫓門遺跡，而在1997年將天守閣重新鑲上金箔便斥資70億日圓，費用相當的驚人。

　　欣賞大阪城的建議參觀路線是以大阪城西端的入口「大手門」（搭地鐵穀町線在谷町四丁目車站下車）為參觀的起點，在大手門的左方就是占地相當大的「西之丸庭園」，其中「大手門」以及「多聞櫓」都已經被指定為日本重要的文化財，值得多停留一些時間仔細欣賞，不過如果你是搭乘大阪觀光巴士的話，則入口就應該是「玉造門跡」。大阪城的護城河分為內堀以及外堀兩道，其中的內護城河是由三代將軍家光時代所留下來的遺跡，外堀則是分為東外堀、西外堀、南外堀以及北外堀，經過外堀通過「櫻門」就算進入大阪城的內部，在櫻門的外面有修道館以及豐國神社兩棟建築物，有時間的話倒是可以花些時間參觀。

　　重建後的大阪城天守閣共有八層，一樓是天守閣的入口，並將大阪城和豐臣秀吉有關的資料以多媒體的方式呈現（日、英、中三種字幕均有），二樓則是有關大阪城的城郭基礎知識，展出的內容包括原尺寸的「鬼瓦」等，三、四樓則是展示豐臣秀吉時代的歷史資料，其中三樓主要的展覽主題包括「黃金茶室」原尺寸模型、豐臣時代與德川時代的大阪城復原模型，而四樓則是以桃山時代遺留下來的物品為主要的展示物，在五樓展出的則是大阪夏之陣圖屏風，該屏風將大阪夏之陣的主要名場面作了相當深刻的描寫，此外，五樓另一項相當值得參觀的還包括在大阪夏之陣中真田幸村與松平忠直部隊激戰場面的人偶模型，六樓為大阪城結構的特殊設計，遊客並不會真正到達此樓就會直接進入七樓，在七樓則是將豐臣秀吉的生涯以一個類似全息投影的技術的展示在遊客面前，八樓是天守閣最頂層，此時的高度已經距離地面有50公尺，可以用相當寬廣的視野欣賞大阪。

　　登過天守閣後就可以準備出城了，通常出城是由天守閣後方的「極樂橋」出城（出城後接著右轉經過一個棒球場就會到達水上

巴士的搭乘站，可以搭乘水上巴士遊覽水都大阪的景致）。為了紀念豐臣秀吉對於大阪發展的貢獻，每年都會在7月25日天滿宮舉辦「天神祭」，這個祭典也是日本的三大祭典之一。

歷史

大阪城原址是戰國時代石山本院寺的根據地，後來成為豐臣秀吉統一天下的據點，從天正11年築成開始，此城陪伴豐臣秀吉度過15年的光陰。大阪城方圓有2公里左右，號稱難攻不落之城，大阪冬之陣後，德川軍開始進行填埋外濠的工作，翌年，在大阪夏之陣中，大阪城被攻陷，此象徵秀吉政權的大阪城在戰事中被燒毀。之後，德川幕府動員西國六十四藩的藩主於元和6年（1620）開始花了10年全面進行城郭的修復工作，直到明治維新之前，大阪城都成為德川幕府世代所統治的居城，現存遺跡都是當時德川時代所重建遺留下來的建物。「大阪」在明治維新之前寫作「大坂」，維新後由於「坂」字可拆為「士反」，有「武士叛亂」之諱，因此在明治3年（1870）正式改名為「大阪」，「大坂城」也因而更名為「大阪城」。一般講述更名前的歷史時仍會以舊寫「大坂城」稱之，以示時代區別。現在的天守閣是在昭和6年在大阪市民殷切的期盼下所重建的，內部已經成為歷史博物館而對外開放。在1950年代開始曾對於大阪城進行有計畫的學術調查工作，並發現了許多豐臣時代的遺跡。

▌豐臣秀賴母子自刃處

有妙觀點

　　對於我而言，早在對日本城郭有興趣之前就聽過大阪城，相信一般對於日本城郭不熟悉的人，提到大阪城也或多或少都有一些印象，這也表示著大阪城的超高知名度。大阪是國人旅遊日本時最常參訪的景點之一，如果你是跟團的話，那大阪城更是幾乎不會被遺漏的一個旅遊重點。大阪城、名古屋城以及熊本城是日本的三大名城，提到熊本城就會聯想到其巨大的石垣規模，而提到名古屋城，名古屋人對於名古屋城上那對巨大的黃金鯱有絕對的自信，至於作為豐臣秀吉人生顛峰時期的象徵，大阪城的特徵就是規模絕對夠大。重建後的大阪城天守閣雖然沒有特別的巨大，但是仍然能由其外圍所之空堀與水堀的長度，體驗豐臣氏全盛時期的大阪城規模。但是跟團旅遊往往不易體驗出大阪城的規模，因為了要節省旅遊時間，所以遊覽車都會開到最接近城郭的地方讓遊客下車，再進行重點式的遊覽，但如果你是自助旅遊，大阪城絕對值得你利用一個下午好好體會一下大阪城的規模。其實大阪城華麗規模的背後卻隱藏著悲劇的歷史，而真田幸村就是這悲劇歷史中最常被人提起的英雄人物（真田幸村與源義經、楠木正成並列日本史中三大悲劇英雄）。真田幸村在1615年6月3日大坂夏之陣時，率領人數僅有3,000人的部隊在攻陷德川本陣（據信德川方人數有15萬人）後，在天王寺附近因力盡遭到松平忠直家臣西尾宗次以槍刺殺而陣亡。真田軍壯烈地戰至最後一兵一卒的歷史，讓豐臣時代的大阪城在最後悲劇性的歷史中留下令人景仰的史蹟。

真田丸顯彰碑

交通與入城資訊

入城費用（日幣）：大人600、15歲以下免費

開館時間：09:00-17:00

休城日：12/28-01/01

交通：搭地鐵谷町線在谷町四丁目車站下車步行15分鐘

姬路城

第一個登錄世界文化遺產的日本城郭

　　我常在想，如果一生中只能欣賞一座日本城郭，到底要選擇哪一座比較好呢？在這個問題的可能答案中幾乎每次都會出現姬路城。姬路城和松山城、和歌山城合稱日本三大連立式平山城。由於其保存度高，被稱為「日本第一名城」，同時也是日本第一個被聯合國教科文組織所登錄的世界文化遺產。姬路城建築時期白色的防火灰漿已經被廣泛的應用在城郭的外部牆壁，因此姬路城的白色城牆看起來又白又美，加上其蜿蜒屋簷造型，猶如展翅欲飛的外型，讓姬路城又名白鷺城，有很多時代劇和電影也在這裡進行拍攝。

基本資料

別名：白鷺城

所在地：兵庫縣姬路市本町68

電話：（0792）85-1146

種類：平山城

築城者：池田輝政

築城年：慶長6年（1601）

歷代城主：池田氏、松平氏、本多氏、酒井氏

遺跡：大天守、小天守、櫓27棟、門十五棟、內濠、中濠等

天守閣：木造五層六階、地下一階

最近車站：山陽新幹線姬路車站

　　姬路城位於兵庫縣的姬路市，是日本規模最大的平山城，從遠處眺望姬路城，就像是一隻飛翔的白鷺，因此此城別名白鷺城，外觀之美號稱全日本第一。我在1999年的時候到日本過千禧年，在這趟自助行中，早就計畫好要在2000年1月1日造訪姬路城，幸運的是姬路城在我到訪的當天並不收取門票，因此也省下了一點小錢可以多買些紀念品回家。當時我下榻的飯店是在大阪，為了順道體驗日本新幹線的服務，因此在新大阪車站搭乘新幹線ひかり（光）到達姬路車站，搭乘新幹線的時間只花了不到四十分鐘的車程就到了，唯一美中不足的是新幹線列車在經過神戶車站後就近入了隧道，一直到快要接近姬路車站才會出隧道，因此整個搭乘新幹線的時間大部分都是在隧道中度過，因此在此建議各位，如果在你的整個行程

規劃中只有一個時段可以體驗新幹線，那麼最好不要選擇新大阪到神戶這一段旅程，因為在隧道中實在較難體會高速感（同樣的，新大阪到京都也不需要使用新幹線，因為距離太短了，而且票價也太貴了）。

一出了姬路車站，就可以看到姬路城就沿著姬路車站前的一條大道聳立在你的眼前，從車站走到姬路城大約需要花費15分鐘左右，街道兩旁的各式商店襯托出這條通往姬路城大道的獨特街景，如果你的旅行時間較為充分的話，倒是可以花一些時間欣賞這條姬路車站與姬路城之間的大道（大手前通り），在這條寬度達50公尺的大道兩旁陳列著許多的現代雕刻作品，而這些街道的相信這條街道會讓你很容易有身在歐洲的感覺。

姬路城在日本以擁有豪壯美麗的天守群而馳名，也是唯一一座被列為世界文化遺產的日本城郭。從歷史上的史實來看，姬路城最早的建築可以追溯到室町時代播磨的的豪族赤松氏在姬山所建築的簡單防禦工事，之後到了安土桃山時代的天正5年（1577），奉織田信長的命令征伐毛利的豐臣秀吉，在小寺氏一族的協助下於姬路城現今的位址建立了前線基地，此時也是較具規模的建築，原本姬路城的建築是相當簡陋的，天守閣的規模也只有三層，後來在德川幕府的時代，才由德川家康的女婿池田輝政大規模加以改建成現今地上五層六階，地下一階的規模，也因為姬路城有這些歷史緣故而有人認為築城者是豐臣秀吉，另外有人則認為是池田輝政。

到了大手前通り的盡頭就是姬路城的大手門，首先映入眼簾的就是姬路城的護城河，護城河的左邊有一個日式庭園「好古園」（包括九個趣味各異的各式庭園），裡面還有茶室可以品嚐日本茶，護城河右邊則是護國神社，而在護城河邊還不時有許多的海鳥

在此駐足後。通過護城河前的大手門就到了姬路城的三之丸庭園，並可以看到一個「特別史跡」的石碑，不過這個時候距離真正的城郭入口還一大段距離，從經過護城河開始算起大概還需要步行約五分鐘左右的路程才會到達真正入城的起點，從這裡開始也才是購票的地點。

　　購買門票後，就算是正式進入日本重要文化財、國寶，也是世界文化遺產的姬路城，姬路城入口的「菱之門」是現今安土桃山時代建築形式最大的僅存城門。姬路城主要城郭標高高達31公尺，並以其幽雅的外觀以及高超成熟的築城技術而被廣泛的稱頌，姬路城不但是在軍事上或是藝術上都有極高的評價。姬路城另外還有不死鳥之城的傳說，主要的原因就是姬路城雖處於長期的戰亂時代（包括戰國時代以及第二次世界大戰），尤其是在第二次世界大戰中，兵庫市曾遭盟軍相當猛烈的空中轟炸，而82棟姬路城所屬的建築物均被高度完整的保存下來，因而有「不燒之城」、「奇蹟之城」等等的稱謂。

　　日本的城郭依據實際的建築年代可以分為「現存」以及「重建」兩種，一般說來現存天守大都被列為日本的重要文化財或是國寶，參觀此類天守閣較能有回味歷史的感覺，也比較有欣賞城郭的價值，若是硬要挑缺點，我想就是欣賞這樣的城郭要有心理準備，那就是不會有現代化的設施在裡面，舉凡電梯或是空調系統通通沒有，在舒適上較不講究。以姬路城為例，入城先要換鞋子，使用城郭為遊客所準備的拖鞋，因此在城郭內部欣賞時都必須提著自己的鞋子。此外，姬路城的天守閣高達六層，雖然中間的各層樓都很有欣賞的價值（有的樓層展示戰國時期的武器、有的樓層展示姬路城築城的相關資料），不過如果加上當初日本人的體型較小，樓梯

的建築設計未必符合現代人的人體工學，因此一路逛到六樓也是相當辛苦。當然這一切都在你到了六樓的天守閣往外眺望時，便會覺得一切都是值得的，從天守閣可以很清楚的眺望姬路市的景致，另外，也可以因此而體驗到整個姬路城的雄偉之姿，相信此時所看到美麗景象會讓你永生難忘。

姬路城還有所謂的「老婦石」，傳說是豐臣秀吉在建築姬路城時，有一位賣餅的老婦人將自己做生意所用的石磨捐出來協助築城工作的進行，秀吉聞訊後大為感動，並下令將此石磨嵌在乾小天守北側的石垣之上，並用一個鐵絲網匡起來，是一個相當顯著的特徵。目前姬路城的大小天守閣以及渡櫓等建築都被相當完整的保存著，並被日本政府列為特別史跡。此外，姬路城中還有四棟渡櫓被指定為國寶，74棟的建物被指定為重要文化財。如果你想要走馬看花似的欣賞完姬路城，也至少需要花費約一個半小時左右的時間，若想較為仔細的欣賞姬路城，則在時間上絕對要空出3小時以上才足夠，此外，每年在中秋夜晚所舉辦的「姬路城觀月祭」，是兵庫縣最為熱鬧重要的祭典之一，有機會的話，千萬不要錯過喔。

歷史

擔任播磨守護一職的赤松則村從元弘3年（1333）到正平元年（1346）便在姬山開始築城，後來此地成為小寺氏的居城，直到天正8年（1580）為了攻略西國地區，才開始以此地為據點，並將天守閣擴建成三層。關原之役後，德川家康的女婿池田輝政於慶長6年（1601）正式將姬路城擴建成五層六階、地下一階的天守閣。池田氏之後，本多氏、松平氏等大名都經營過此城，最後由酒井氏治

理直到明治維新為止。姬路城的大天守的周圍是由三個小天守結合渡櫓所圍繞著，而德川家康最喜愛的孫女千姬所住的西之丸長局、化妝櫓等建物的外圍的構造，都設計的相當複雜巧妙，用來防禦敵人的攻擊。姬路城由中心部分的大天守閣（46.4公尺）、小天守閣共83座建築群的數層屋頂連接而成之城郭，有許多嶄新的技術是在神社、寺院建築都未曾使用過的。姬路城的防禦能力也是令人稱頌的設計之一，第一道防禦措施是由標高45.6公尺的姬山與周邊平地構成的，其周圍築有壕溝、石垣固守天守閣。同時，各城郭區域或通道之間均有石垣和城壁相隔，使外敵不可能輕易進入。石垣設計呈陡斜狀，這種特殊造型稱為「扇形斜坡」，上部向外翹出的設計使人難以攀登，這樣的規劃讓原本造型就相當美麗的姬路城兼具了完備的防守機能。

▍姬路城菱之門

有妙
觀點

　　姬路城是日本現存12座天守閣中，規模最大、保存最為完整的國寶。根據日本文化財保護法的規定，在國家所指定的重要文化財中，以世界文化的角度來看仍具有相當價值的部分視為日本國民的寶，稱之為國寶（注意是國民的寶喔，不是國家的寶，也多少顯示出國寶的制訂是以人民的角度出發）。其實「國寶」的制訂是在日本政府施行文化財保護法（1950）之後才有的，以前並沒有「國寶」、「重要文化財」的區別，通通視為廣義的國寶，因此施行文化財保護法後，國寶認定的規範較為嚴謹，有許多原先為國寶的有形文化財被降格為重要文化財（如丸岡城就是一例），但是仍有許多人將1950年前所認定的國寶稱為「舊國寶」，1951年之後重新認定的則稱之為「新國寶」。被指定為國寶的有形文化財都有「國寶認定書」，有機會參觀姬路城、犬山城、松本城、彥根城與松江城等五座國寶城郭的旅客不要忘了去天守閣的頂樓欣賞一下這些城郭的國寶認定書。

①
③ ②

① 姬路城修復工事見學
② 姬路城修復工事外觀
③ 姬路城修復工事內部

交通與入城資訊

入城費用（日幣）：大人1000、小孩300

開館時間：09:00-17:00

休城日：12/29-12/30

交通資訊：姬路車站下車步行15分鐘

彥根城

琵琶湖八景之一的國寶天守閣

　　彥根城為日本五座國寶天守之一，其天守閣為三重
三階的建築，形式上是屬於連郭式的平山城。彥根城的外
觀使用了唐破風、入母屋破風以及切妻破風等多種形式的
破風建築，讓彥根城天守能在饒富變化中凸顯其華麗的姿
態。彥根城與姬路城同樣以留下許多城跡而著名，許多的
門與櫓都已經被指定為重要的文化財，其中還包含少見的
馬屋。其實彥根城早在昭和26年（1951）6月9日就被日本
政府指定為國家的特別史跡，比姬路城還要早5年。

基本資料

別名：金龜城

所在地：滋賀縣彥根市金龜町1-1

電話：（0749）22-2742

種類：平山城

築城者：井伊直孝

築城年：慶長11年（1606）

歷代城主：井伊氏

遺跡：天守、附櫓、多聞櫓、內濠、外濠

天守閣：木造三重四階

最近車站：JR東海道本線彥根車站

　　彥根城是以日本最大的湖琵琶湖為背景，座落在標高約136公尺的彥根山山頂。彥根城所在的彥根市位於滋賀縣的中心東部，是琵琶湖東岸地區的經濟、文化中心。由於彥根城是由於井伊氏的經營而開始繁榮發展的，因此要瞭解彥根城的歷史便需由井伊氏談起。彥根城是由德川四天王之一的井伊直政所建築的，井伊直政是井伊直親的兒子，井伊氏原本是今川氏的家臣，其祖父直盛在桶狹間一役戰死，而父親直親卻在直政出生的次年因涉嫌謀殺今川氏真而被暗殺。被沒收領土的井伊直政因此在少年時代便過著流浪的生活。直到天正3年得到德川家康的賞識，再度管理舊領地之一的井伊谷。爾後的井伊直政屢立戰功，並與德川家康的武將本多忠勝以及榊原康政等名將齊名。武田氏滅亡後不久便發生了本能寺之變，因此德川家康趁機接收了武田氏的領地，原先屬於武田氏的舊家臣便被歸納在井伊直政的麾下。此時井伊直政將武田的大將山縣昌

景的紅色軍服改變成為自己的特徵，因此日後的井伊部隊又被稱為
「井伊的赤備」，附帶一提的是井伊直政由於治軍嚴謹，因此也有
「井伊的赤鬼」之稱。

　　井伊直政在慶長5年所發生的關原之役相當活躍，戰爭結束後
德川家康將西軍大將石田三成的領地賜給直政，此後的井伊直政除
了開始進行井伊藩的開藩工作外，對於日後江戶開幕也投入很多的
心血。可惜在慶長7年（1602），一方面因為過渡勞累，另一方面
在關原之役時，直政為了追擊西軍島津義弘的部隊，曾經不慎被鐵
砲擊重而落馬，因為這個舊傷而感染了破傷風而病逝。因此，原先
想要建築新的城郭來取代佐和山城的規劃，便由直政的兒子直繼以
及直孝接續。德川幕府為了感謝直政對於幕府的貢獻，在慶長6年
命令12位大名（另一說法為15名）開始全面協助彥根城的建築工事
（天下譜請），並在慶長12年完成天守閣的建設。之後的工事曾因
大阪冬之陣以及夏之陣等戰事而停頓，戰事結束代表著德川已經在
政治上擁有絕對的統治地位，因此再度開始彥根城的表御殿、三重
濠、櫓以及城下町等整備工事。彥根城在1622年正式完工，一共花
了近20年的時間，由於井伊直政的長子直繼身體不好，因此由次子
直孝在1633年受封35萬石，成為德川家康譜代大名中受封最高的將
領。井伊在德川氏250多年政權中一直擔任要職，光是位高權重的
「大老」一職，德川幕府也才有12個人曾經擔任過，其中井伊氏就
佔了一半，由此可見井伊家族的政治地位。明治維新之後，新政府
進行廢藩置縣的措施，儘管如此，井伊氏與彥根城的關係依然相當
緊密，在1953年擔任彥根市市長的井伊直愛，還與井伊氏有著直系
血親的關係。

　　彥根城的特徵之一是大量使用長浜城、佐和山城以及大津城等

鄰城的遺材來建築的，目前仍然能在櫓與門等建築物觀察到當初移建或用拆卸材料所改建的痕跡。此外，比較特別的地方還包括其天守是由大津城的三層天守改建成為現在的三層天守，由於是改建，所以彥根城的天守是各層按其順序逐層堆積而，因此沒有主要樑柱的設計。彥根城曾在昭和32年（1957）開始進行為期3年的解體修理，在修護的

上：彥根車站前井伊直政雕像
下：彥根城天秤櫓

過程也確定了彥根城確實是由五層天守的大津城改建為三層的彥根天守，並在三階的樑柱上發現當時的監工大工喜兵衛所留下的「慶長十一年六月二日 大工喜兵衛」的墨跡。

　　彥根城除了天守之外，被列為重要文化財的天秤櫓、太鼓門櫓、三重櫓以及馬屋等，都是值得參觀的地方。其中的天秤櫓是在拍攝時代劇時經常被用來取景的地點之一，該天秤櫓則是由長浜城的大手門所移築的。彥根城配置著許多不同風格的破風，其中唐破風、鯱等更以金箔裝飾，讓天守閣給人一種風雅的感覺。除了突上戶外，大量使用華頭窗也是彥根城的特徵之一。

　　彥根城天守閣的入口是位於右方的附櫓，與其他國寶天守閣一樣，進去都是要脫鞋子，不過彥根城的天守裡面除了頂樓有張國寶

證明書之外，其他樓層幾乎是空蕩蕩的，沒有任何文物的展示，原因不是彥根城沒有文物可以展示喔，相反的是因為被保留下來的文物實在太多了，彥根城根本放不下，因此將修復後的彥根城「表御殿」進行改建成為彥根城博物館，來展示與彥根城相關的文物，包括井伊家歷代征戰所使用的朱紅盔甲（以武田赤備隊為模仿對象而有名）、刀劍、以及能劇面具、茶道具、書畫等藝術品共六萬五千多件，這一點倒是與其他四座國寶天守較不一樣的地方。如果有時間到彥根城博物館參觀的話，國寶彥根屏風與曾經參與關原之役時的甲冑「井伊的赤備」等文物也是必看的重點。

　　彥根城所在的琵琶湖是日本最大的湖，登上彥根城可以清楚瀏覽琵琶湖的風光，日本以前一個有名的節目「瘋狂鳥人大賽」就是在琵琶湖所舉行的，有興趣的遊客也可以利用岸邊的觀光船來遊覽琵琶湖的景色。除了琵琶湖之外，彥根城下的玄宮園也是一個不可錯過的景點。玄宮園建造於1677年，位於彥根城的內護城河旁，是由彥根藩第四代藩主井伊直興以唐玄宗所建造的離宮庭園（位於中國洞庭湖旁）為概念所規劃興建的，引進琵琶湖的湖水來建造池泉迴遊式庭園，此園已在1951年被指定為日本名勝。遊覽玄宮園除了可以觀賞井伊家的舊居外，並可以讓人充分地感受到當時彥根城的城下町風貌。在彥根城的護城河中還可以看到在1987年由水戶市所贈送的黑天鵝群，這群黑天鵝也深受觀光客所喜愛。

　　為了能夠登錄為世界遺產，彥根城已經向聯合國教科文組織登記，目前彥根城已經成為候選單位之一而被登載在「暫定名單」之中，只等待著聯合國教科文組織世界遺產委員會將它正式登記為世界遺產。

上：由彥根車站窗戶遠眺佐和山城跡
下：佐和山城跡

交通與入城資訊

入城費用（日幣）：大人800、小孩200

開館時間：08:30-17:00

休城日：全年無休

交通：彥根車站下車步行15分鐘

二条城

德川幕府第十五代將軍的最後居城

　　二条城建於1603年，是位於京都市街的一座平城，當初二条城是以街道名稱命名，周圍建有護城河和城牆。二条城是德川家康被任命為征夷大將軍開江戶幕府之時，為了供作京都御所守護與將軍上洛時的住宿之用所建，後來成為德川幕府的權力象徵。二条城的正門稱為東大手門，是木造結構的建築，上面雕有金菊徽、鳳凰、老虎等圖案，與中國的木牌坊相似，城內則有黑書院、白書院、內宅及其它附屬建築，其御殿已被聯合國教科文組織指定為世界文化遺產。

基本資料

別名：無

所在地：京都市中京區二條通堀西川入二条城町541

電話：（075）841-0096

種類：平城

築城者：德川家康

築城年：慶長8年（1603）

歷代城主：德川氏

遺跡：全域

天守閣：在寬永3年（1750）被落雷擊中而燒毀

最近車站：地下鐵屋丸線御池屋丸車站

　　就廣義上來說，二条城是指第十三代室町幕府將軍足利義輝的居城，後來織田信長上洛後，擁護十五代將軍足利義昭，並在京都建築城郭獻給天皇，稱為二条御所。因此二条城最初的歷史是指織田信長為足利義昭所建的將軍邸，不過該城後來在本能寺之變毀於祝融之手。現在一般人提到二条城大多會想到德川家康在京都所建築的行館，該城位於京都府中京區二条城町，於江戶時代初期完工，後來又陸續擴建了本丸御殿、天守閣等建物。二条城最初是作為德川將軍的行館，後來演變為新任將軍的就職都必須在此舉行，末代將軍德川慶喜的大政奉還一事也是在此展開。昭和14年（1939年），二条城正式歸京都市所管轄，正式的名稱是元離宮二条城。

　　去過京都的人相信對於二条城都不會陌生，二条城是桃山時代後期的代表城郭，整座城郭將建築、繪畫、雕刻、庭園等藝術表現融合在一起，其中被指定為國寶的二之丸御殿，更是被比喻為集桃

本丸御殿御常御殿

山美術精華於一身的武家書院，也是日本現存極少數還擁有御殿的城郭之一。每年梅花和菊花盛開季節是遊覽二条城的好時機，1994年已經被聯合國教育科學文化組織列入世界文代遺產。

　　日本許多重要的歷史事件都是以二条城為舞台，如豐臣秀賴與家康最後的會見場所是在二条城；德川與豐臣兩大勢力對決的大阪冬之陣與夏之陣也是以二条城為本陣；德川幕府在二条城公布「禁中並公家諸法度」；二条城也是德川最後一位將軍，第十五代德川慶喜宣佈「大政奉還」等重大事件，也都以二条城為歷史的舞台，甚至後來在日本近代歷史有舉足輕重的明治維新運動也在此發源。二条城自1939年移交由京都市管轄後，現在已經成為京都著名的觀光景點。

　　最初的二条的規模並沒有很大，可是德川家康的孫子德川家光為了向天皇誇耀幕府的勢力，將二条城大肆擴建成現今之規模，包含東西建有約500米、南北約400米的圍牆，周圍環繞著城牆與護城河，不過其中許多建築已因天災所損毀，僅存東大手門、北大手門、二之丸御殿等處。

　　其實二条城並沒有保留天手閣的建築，不過位於城內的二之丸御殿卻是現在即為少數被保留下來的御殿遺跡。本丸御殿和二之丸

御殿為二条城的主要建築，其中二之丸的殿內牆壁和隔門上畫有狩野派畫家的名畫，尤其精美。二之丸御殿是在1626年改建的，其壁畫「八方對視獅子圖」，無論是從哪個角度去看，畫上的獅子均面向正面，相當神奇。除了壁畫和雕刻等豪華的室內裝飾外，其他如暗藏護身衛士的武者隱身處等防禦外敵的機關也相當值得欣賞，如二条城內名為「鶯鳴地板」的走廊，人行走在上面便會發出如黃鶯鳴叫般的聲響，是幕府統治者為保全自身安全而設的報警機關。

　　二之丸御殿內各重點的遺跡都設有自動說明錄音，只要按鈕即可透過日文或英文來瞭解該處的歷史。附帶一提的是為了保護城內古蹟文物免受鎂光燈之類的強光侵害，二之丸御殿的內部是不准拍照的。

　　時間充分的話，也不要錯過二条城附近的京都御苑，京都御苑原為天皇居住的重地，明治維新後皇室東遷江戶，這裡就成為歷史故地。明治10年（1878）成為國家公園對外開放。京都御苑是自由進出的，不過想要參觀裡面的京都御所叫要記得事先申請，以免到了無法進去造成遺憾。前往的二条城方式相當簡單，你從京都車站坐地下鐵烏丸線到烏丸御池站轉東西線，在地鐵東西線二条城前站下車，或是從京都車站搭乘市營巴士9、快9、50、52路在二条城前站下車。

交通與入城資訊

入城費用（日幣）：大人600、小孩350
開館時間：08:45-17:00
休城日：12/26-01/04
交通：地下鐵烏丸線烏丸御池車站下車步行2分鐘

尼崎城

平成年間最後一座復原的城郭

　　德川所建立的江戶幕府位於現在的東京，為了強化德川對大阪的掌握，因此在元和3年（1617）命令戶田氏鐵建築尼崎城，藉以強化大阪面對西方的防禦 。完工的尼崎城天守建築在12公尺高的天守台上，其外觀是屬於4層4階，高12公尺的設計，西側並建有多聞櫓，在形式上是屬於複合式天守，天守具有唐破風與千鳥破風的設計。由於德川政權頒佈了一國一城令，在這個政策下還可以讓一個只領有5萬石的戶田氏鐵可以建築阪神甲子園球場3.5倍大的尼崎城，可見幕府對尼崎的重視。

基本資料

別名：琴浦城、琴城、尼丘城

所在地：尼崎市北城內27

種類：平城

築城者：戶田氏鐵

築城年：元和3年（1617）

歷代城主：戶田氏鐵、青山氏、松平忠喬

遺跡：無

天守閣：複合式層塔型4重4階

最近車站：JR神戶線尼崎車站

　　尼崎城是少數在江戶幕府被保存下來的城郭，直到明治維新時因為廢城令才被破壞拆除，這些被拆除的石材被拿去建築尼崎的防波堤，土地被轉為學校與機關用地，現在尼崎市的明城小學還留有尼崎城本丸城遺址的紀念碑。尼崎城天守閣在1873年被拆除經過145年後，終於在2019年3月29日重新整建出現在世人的面前。由於日本平成的年號在2019年4月30號結束，因此尼崎城是日本平成年代最後建築完成的城郭，也就是說尼崎城在3月29日開放後，只隔了33天就進入令和（れいわ）年代。

　　其實尼崎城是由當地企業「株式會社ミドリ電化」花了約12億日圓的經費來復原建築的，並在受贈儀式中將完工的天守閣捐贈給尼崎市政府。復原後的尼崎城天守閣位於阪神電車尼崎站旁，共有5層樓高，在車站上就可以看到尼崎城。全新的尼崎城大量應用VR科技與遊客互動，不論是那個年齡層都可以在尼崎城的二樓或三樓找到你喜歡的設施，體驗一下應用新科技展示傳統文化的經驗。四

樓則展示尼崎出身的日本城郭畫家荻原一青所繪製的一百座日本城郭的作品，五樓則是展望台。

　　我會注意到這座城郭是2019年5月去日本大阪開會時，在進出車站時看到尼崎城的海報後才抽空去的，整座新完工的城郭給你完全不同的感受，包含護城河的水也是清澈見底，護城河中的小石頭

清晰可見。想感受全新城郭的讀者可不要錯過，不過新的城郭遇到颱風也是會關閉的，像是2019年9月的17號颱風，尼崎城就進行休城的通知，你在尼崎城網頁可以找到類似這樣的休城通知：「本日9月23日は、台風17号の影響により、休城とさせていただきます」。

■ 上：尼崎城海報
　下：尼崎城展示荻原一青所繪製的日本百名城

▎尼崎城水堀

交通與入城資訊

入城費用（日幣）：大人500、小孩250

開館時間：9:00-17:30

休城日：12/29-12/31

交通：JR神戶線尼崎車站下車步行約3分鐘

第六章

四國

現存天守數量最多的地區

丸龜城

以日本最高石垣誇耀的現存天守

　　丸龜城是四國最靠近本島的現存天守，其高聳的石垣與扇形斜坡是其最大特征，尤其是丸龜城高66.4公尺的石垣，其造型勾勒出美麗的扇形斜坡相當的幽雅，可說是日本第一。丸龜城除了木造天守閣之外，還有大手一門、大手二門、宮殿大門等建物都被指定為重要文物。許多城郭都會有恐怖的傳說，丸龜城也不例外，而「人柱傳說」就是丸龜城恐怖傳說的代表，這些傳說多半是說因為城郭的建築工事不順利因此隨便找一個人來當城郭的祭品，不然就是因為城主的暴政草菅人命，不管是哪一種都說明了身處戰國時期平凡百姓的無奈。

基本資料

別名：龜山城、蓬萊城

所在地：丸龜市大手町二丁目3番1號

電話：（0877）23-2111

種類：輪郭式平山城

築城者：生駒親正

築城年：慶長2年（1597）

歷代城主：生駒氏、山崎氏、京極氏

遺跡：天守（國寶）、門、長屋、番所

天守閣：木造三層三階層塔型

最近車站：JR丸龜車站

　　天正15年（1587）以17萬6千石被封在讚岐的生駒親正在建築了高松城後，在慶長2年（1597）開始又花了5年的時間建築丸龜城。丸龜城是屬於平山城，建築在標高66公尺的小山上進行築城的工作，其特徵是擁有高聳的石垣。不過丸龜城卻在元和元年（1615）因德川幕府的一國一城的命令下被廢。在這之後，原本為天草富岡城主的山崎家治於寬永18年（1641）以5萬3千石轉封至丸龜，並在翌年開始大規模的修築丸龜城，現今丸龜城的許多重要遺跡都是在這個時候所遺留下來的。丸龜城的一個主要特點就是不論從任何一個角度都可以欣賞到美麗的高聳石垣，此外，用來作為堆積天守閣的石垣曲線也被稱為天下一品的藝術品，而作為重要文化財的木造天守閣則是在寬永年間所修築的建築物。

　　丸龜城位於香川縣丸龜市（日本戰國時期的讚岐國），丸龜城的天守是日本12座現存天守之一，同時也是最小的現存天守，此外，丸龜城城的石垣高達66.4公尺也是日本最高，丸龜城同時具有最小天守與最高石垣，但是並沒有任何違何感，來到四國旅遊的讀者可千萬不要錯過這座名列日本百名城的現存天守。

▌丸龜城天守閣

▌丸龜城登閣風景

交通與入城資訊

入城費用（日幣）：大人200、小孩100

開館時間：9:00-16:30

休城日：12/25-02/28

交通：丸龜車站下車步行25分鐘或是搭巴士在通町下車步行5分鐘

松山城

城郭建築史上最末期的現存天守

　　日本有兩座松山城，也同時都是現存天守，但若不特別加註地點，一般說松山城就是指加藤嘉明所建，位於四國愛媛縣的松山城，至於同時也是現存天守但位於岡山縣高梁市的松山城則多半會以「備中松山城」的名稱出現。這兩座松山城其實都有其高度價值的一面，以備中松山城為例，該城是日本相當有名的天空之城，不過爬到這座天空之城的過程卻會令你永生難忘。至於一樣建築在山上的愛媛松山城則有纜車可以搭乘，其過程則是充滿愉快的心情，如果你先前曾經用走路到達備中松山城的話。

基本資料

別名：勝山城、金龜城
所在地：愛媛縣松山市丸之內1
電話：（0899）21-2540
種類：平山城
築城者：加藤嘉明
築城年：慶長7年（1602）
歷代城主：加藤氏、蒲生氏、松平氏
遺跡：天守閣、乾櫓、野原櫓、門屏等
天守閣：木造三層三階、地下一階
最近車站：JR予讚本線松山車站

　　松山城別名「金龜城」或「勝山城」，其地理位置在愛媛縣松山市的中心，是一座建築於關原之戰後的城郭，和姬路城、和歌山城並列日本三大連立式平山城，此外，松山城也與道後溫泉、少爺列車並列松山市的三寶。松山城的築城可以追朔到距今大約390年前，由身為「賤岳七本槍」成員之一的加藤嘉明開始進行松山城的築城工作，前後並花了近26年的時間才完成。關原之役後，加藤嘉明因戰功而轉封至會津若松藩，並增加奉祿到20萬石，而由蒲生忠知則繼任為松山城主。但是蒲生忠知並沒有子嗣，因此在寬永11年（1634）開始，松山城便成為親藩大名松平氏的居城。松山城高聳的石垣與櫓給人穩重而壯觀的感覺，用檜木製作的天守閣也是威容與美觀並列。站在天守閣可以觀看到道後平原，而瀨戶內

海的島嶼也可以一覽無遺，松山城不論是在外觀或是內容都可以說是評價相當高的名城之一。

■ 上：兩個松山城（備中松山城）
　下：兩個松山城（愛媛松山城）

松山城的石垣

交通與入城資訊

入城費用（日幣）：大人260、小孩100

開館時間：09:00-17:00

休城日：12/29

交通：松山車站下車步行5分鐘

宇和島城

以不等邊五角形繩張稱著的現存天守

　　現在仍保存當初建築樣貌且沒被破壞的日本城郭共
有12座，其中有4座就位於四國，可說四國是日本現存城
郭密度最高的地區也不為過。此外，藤堂高虎與加藤嘉明
都是日本戰國時期的築城名人，而這兩個人在四國所建築
的宇和島城與松山城現在都成為日本現存12座天守。不過
現在看到的宇和島城天守並非是當初藤堂高虎所建築的樣
子，而是後來伊達氏統治宇和島城所修復與增建的。宇和
島城在明治時代的廢城令時拆除了大部份建築物，只剩下
大手門和天守，而大手門又在第二次世界大戰時被破壞，
僅剩下天守以及石垣保存至今。

基本資料

別名：鶴島城
所在地：愛媛縣宇和島市丸之內
電話：（0895）24-1111
種類：平山城
築城者：藤堂高虎
築城年：慶長年間（1596-1614）
歷代城主：藤堂氏、富田氏、伊達氏
遺跡：天守閣、城跡
天守閣：木造三層三階的獨立天守閣
最近車站：JR予讚線宇和島車站

　　宇和島城位於宇和島市的正中央，是建築在標高80公尺在灣岸丘陵所建築的平山城，最先是在慶長6年（1601）由藤堂高虎所建，之後在寬文2年到寬文5年間由伊達宗利進行大幅度的修改工事。天守閣是三層三階的獨立式建築物，白色的牆壁給人相當莊重的感覺。宇和島城的最重要特色就是天守閣擁有不同的「破風」構造，正面最上層為唐破風，二層為大型的千鳥破風，在這之下還有兩個較小型的千鳥破風並列，最下層則是以大型的唐破風形式所構建的玄關，這些不同層的不同建築風格不僅能夠相互的調和，並呈現出美麗與安定的感覺，宇和島城可以說是江戶時代初期所留下來最為貴重的天守閣之一，此外，二之丸、藤兵衛丸、長門丸等石垣的遺跡都被相當完整的保存下來。宇和島城在昭和9年被指定為國

寶，但是在昭和25年日本制訂文化財保護法後，宇和島城在新的法規下只被列為重要的國史蹟。雖然丸龜城是日本最小的天守，但是就視覺效果而言，宇和島城的天守也很小，我曾經繞著宇和島城跑一圈，似乎不到30秒就可以繞天守一圈了。

上：宇和島城的千鳥破風與唐破風
下：宇和島城登閣風景

▎宇和島城與石垣

交通與入城資訊

入城費用（日幣）：200
開館時間：09:00-16:00
休城日：全年無休
交通：宇和島車站下車步行10分鐘

高知城

實戰與美觀兼具的現存天守

　　高知城與金澤城是日本戰國最被人稱頌的兩對夫妻的居城，前者是山內一豐與千代，後者則是前田利家與松，而日本大河劇也分別有「功名十字路」以及「利家與松」以這兩座城郭的主人翁為主角訴說日本戰國那些戰火下的感人故事。高知城的領主山內一豐可以說是侍奉過織田信長、豐臣秀吉以及德川家康等三人的武將，然而織田信長最後與濃姬因本能寺之變同葬本能寺，豐臣秀吉則因正室寧寧與側室淀君關係不睦，並造成日後秀吉之子與淀君同葬在大阪城（大阪夏之陣），而德川家康則是因為織田信長懷疑其正室築山殿有謀反的嫌疑而被迫賜死，由這些結局來看，山內一豐與千代在高知城的生活，反而比較像是童話故事中美好的結局。

基本資料

別名：鷹城

所在地：高知市丸之內1-2-1

電話：（0888）24-5701

種類：平山城

築城者：山內一豐

築城年：慶長8年（1603）

歷代城主：山內氏

遺跡：天守閣、追手門、本丸、二之丸、三之丸等

天守閣：木造三層六階的建築物

最近車站：JR土讚線高知車站

　　高知城位於高知平原的中心，城廓的形式是梯郭式平山城，以鏡川與江之口川當作外堀，其望樓型的天守閣是現今全國僅存十二座就天守閣中，樣式最為古老的。現在看到的高知城是山內一豐在關原之役後，以24萬石轉封至土佐後所建築的城郭，不過高知城卻在享保12年（1727）由於城下町的大火而使的包括天守閣的大部分建築物都被燒毀。之後在寶曆3年（1753）開始進行全面性的修復工事，並以最初的樣貌進行重建工作，值得一提的是，天守閣、書院、櫓、本丸等的遺跡目前在日本均享有相當高的評價。明治6年（1873）所頒布的廢城令以及第二次世界大戰的空襲都沒有損壞到高知城的天守閣、御殿以及豪壯的追手門等重要文物。與宇和島城一樣曾被指定為國寶，但是在昭和25年日本制訂文化財保護法後，

高知城只被列為重要的文化財。另外，隨著2019年日本消費稅法的部分修訂，《高知縣城市公園條例》的使用費也進行了修訂，所以在令和元年10月1日起，進入高知城的入場費用也將提高。

▌ 上：千代與馬匹的銅像
　　下：訴說千代生平的告示牌

▌高知城的鯱

交通與入城資訊

入城費用（日幣）：大人420、18歲以下免費
開館時間：09:00:17:00
休城日：12/26-01/01
交通：高知車站下車步行5分鐘

① ② ③

日本百名城

　　在日本，城郭已經被當作當地的歷史與文化象徵，也肩負著促進觀光的重要功能。財團法人日本城郭協會於2007年一方面為紀念成立40周年，另一方面為了讓日本城郭獲得更多民眾的關注，因此在平成17年（2005）展開日本100名城的選拔工作，認定的標準是（1）優美的文化財・史跡、（2）著名歷史的舞台以及（3）時代・地域的代表等三項，並於2006年2月13日明定4月6日為「城之日」城の日並發表日本百名城的名單。這百名城在各地區的數量與編號如下：北海道（1號～3號）、東北（4號～13號）、關東（14號～23號）、甲信越（24號～32號）、北陸（33號～37號）、東海（38號～48號）、近畿（49號～62號）、中國（63號～75號）、四國（76號～84號）、九州（85號～97號）、沖繩（98號～100號）。之後財團法人日本城郭協會更在2017年時公布續日本100名城（ぞくにほん100めいじょう），選定的標準是與日本100名城相同標準、價值來選定，續百名城在各地區的數量與編號如下：北海道（101號～102號）、東北地方（103號～111號）、關東地方（112號～126號）、甲信越地方（127號～133號）、北陸地方（134號～140號）、東海地方（141號～155）、近畿（156號～167號）、中國地方（168號～174號）、四國地方（175號～180號）、九州地方（181號～198號）、沖繩地方（199號～200號）。本書所收錄的多半是名列名城百選之列，另有三座收錄城郭別是屬於續百名城，分別是米澤城

①大阪-名城　②備中松山城-山城　③今治城-水城

（第109號）、小倉城（第181號）
以及唐津城（第185號）。

　　除了百名城外，日本也喜
歡用「某某三大」來顯示該事物
的重要性，日本三大列表就是用
來標示日本各樣事物最具代表性
的前三位。在日本城郭中有幾個
「某某三大」，如三大名城（大
阪城、熊本城與名古屋城）、三
大水城（今治城、高松城、中津
城）、三大平山城（津山城、姬路
城、松山城）、三大連立式平山城
（姬路城、松山城、和歌山城）、
三大山城（備中松山城、高取城、
岩村城），以及三大湖城（松江
城、膳所城、高島城）。至於三大
平城的部分，由於不同文獻有不同
的收錄標準，有些又與三大名城重
複，在這裡就不特別記載了，但若
要我選，岡山城與江戶城應該可以
名列三大平城之列。

▌姬路城-平山城

▌岡山城-平城

第七章
中國
戰火下的美麗與哀愁

廣島城

毛利氏黃金時代的名城

　　廣島城建築在日本戰國末期的天正年間，也正是豐
臣秀吉即將統一日本的時期。戰國時代末期，擁有絕大部
分中國地區的毛利輝元，有感於新時代即將來臨，便在安
芸地區山間部的吉田，選擇一個海陸相接的地區築城，做
為毛利氏的根據地。該地在築城時只有零星散落的五個村
莊，因此也稱為五家村，而毛利氏在此地興建廣島城可以
說是現代廣島市發展的緣起。

基本資料

別名：鯉城

所在地：廣島市中區基町21番1號

電話：（082）221-7512

種類：平城

築城者：毛利輝元

築城年：天正19年（1591）

歷代城主：毛利氏、福島氏、淺野氏

遺跡：城跡

天守閣：五層五階的鋼筋水泥建築物

最近車站：山陽本線廣島車站

　　廣島一詞的來源有兩個說法，一種較常見的說法是認為廣島是由毛利輝元命名的，原意為「廣闊之島」的意思；另一種說法廣島的「廣」來自於毛利氏的祖先大江廣元的廣、而「島」字則是取自於建議築城地點的福島元長的島，因此命名為廣島。德川在江戶開幕後，廣島依序分別由福島與淺野兩家繼承，直到明治維新的「廢番置縣」結束淺野氏的統治，廣島縣也由此誕生。不過也因為明治維新引起幕末戰爭，廣島城除了天守閣外，其他城郭建築多被毀壞，天守閣也成為當時廣島縣政府的行政中心。可惜在昭和20年時毀於廣島原爆的事件中，廣島城可以說是全世界唯一吃過原子彈的城郭，不過在原爆後，廣島城隨即在昭和33年（1958）根據原先的樣貌重建完成，也就是所謂的復原天守，並把廣島城的內部改為鄉

土博物館。重建後的廣島城的水堀，其水源是來自於廣島城相鄰的太田川，目前是每隔三天半會將水堀中的水更換一次，以維護水質的清潔。而在1898年為了紀念廣島建城400週年，除了重新裝修內部外，並以「城下町廣島之發展與生活」為主題將城郭內部規劃為長期展示廣島歷史的博物館。

　　或許是受到原子彈侵襲的影響，當你來到廣島城所在的廣島市時，隨處都可以感受到終戰時期望和平的信念，這樣的感受不僅僅是在原爆紀念館而已，包括重建後的廣島城、日本名園之一的縮景園，甚至是廣島市區，隨處都有原爆紀念的標示物。廣島城重建屆滿超過60年了，我想身為廣島市民，身為第一個受到原子彈侵襲的城市，我可以感受到廣島市民似乎存在著以追求和平為己任的心情，目前重建後的廣島城已經成為廣島市的一個歷史博物館。

▌廣島城天守倒影

▌廣島城天守閣指標

交通與入城資訊

入城費用（日幣）：大人360、小孩180

開館時間：09:00-18:00（3月-11月），

09:00-17:00（12月-2月）

休城日：12/29-01/02

交通：廣島車站或是搭公車在電車紙屋町下車步行15分鐘

岩國城
以日本三奇橋為背景的連郭式山城

　　岩國城位於山口縣岩國市的橫山上，而名列日本三奇橋的錦帶橋則以橫跨山口縣第一大河錦川之姿立於橫山下，讓岩國城成為日本城郭中，最富有立體層次感的城郭。尤其是錦帶橋四周種植為數眾多的櫻花，讓岩國城成為可以同時欣賞櫻花與遠望瀨戶內海的風雅城郭。而在2001年開始連載的日本上班族漫畫「課長島耕作」，一路由課長島耕作連載到現在的會長島耕作，其主角島耕作的故鄉就是設定在山口縣，因此在山口縣經常可以看到以島耕作為代言的公益廣告，而在虛擬漫畫中的島耕作升任會長時，現實社會的山口縣居然也有公開的廣告來慶祝島耕作榮升會長。

基本資料

別名：橫山城

所在地：山口縣縣岩國市岩國1-231

電話：（0827）29-5116

種類：連郭式山城

築城者：吉川廣家

築城年：慶長6年（1601）

歷代城主：吉川氏

遺跡：隱居所長屋、石垣、水堀、空堀

天守閣：望樓型4重6階

最近車站：JR岩國站

　　岩國城的建造與關原之戰有關，話說在慶長5年（1600）的關原之戰中，毛利輝元擔任西軍的總大將，雖然在戰爭發生時，毛利軍並未真的參與戰爭，但毛利氏仍在西軍戰敗後被江戶幕府大幅削減領地至只剩周防國及長門國兩國。而當初力阻毛利出軍的吉川廣家也由原本的出雲國領有12萬石，轉封到岩國的3萬石。被削減領地的吉川廣家日後考慮到基本的防衛能力，因此在1608年決定在橫山上建築新城，做為平日居所的御土居於慶長7年（1602）完工，橫山城則在慶長13年（1608）完成，其天守為望樓型4重6階的結構，而岩國城城下町的規劃也促成了後來錦帶橋的興建。不過岩國城完工7年後，就因為江戶幕府於元和元年（1615）頒布一國一城令，橫山城不得不被廢城。因此岩國領主吉川家便以建在錦帶橋附

近的御土居為陣屋，直到明治維新廢藩制縣為止。現在的岩國城
是於1962年以鋼筋水泥所重建，並在2006年2月13日入選日本100
名城。

　　嚴格說來，同時名列日本的三大奇橋與日本三名橋的錦帶橋之
文化價值比岩國城高。錦帶橋身長210公尺、寬5公尺、高6.6公尺，
最早的錦帶橋是在1673年由第三代岩國藩藩主吉川廣嘉全程使用木
頭所建造，後雖遇到颱風兩度沖毀橋身，現在修復後的錦帶橋基樁
改用石頭，而橋身仍是保持木製材料。

▌同時名列的日本三奇橋與三名橋錦帶橋

▌岩國城登閣風景

交通與入城資訊

入城費用（日幣）：因為要搭乘纜車，所以建議購
買纜車＋城郭的套票，費用是
大人970、小孩460

開館時間：09:00-16:45

休城日：每月的月底與冬季纜車不提供服務的時候岩國城也一併休城

交通：JR岩國站下車後搭乘往返岩國站和錦帶橋站的巴士いちすけ号
（市助號巴士）

松江城

2015 年被指定為國寶的第五號國寶天守

　　松江城位於松江市的北部，由於是平山城的緣故（較無天然的屏障），因此巧妙利用大橋川作其外堀。松江城的天守是全日本第二大，第三高和第六最古老的城堡。在日本，所謂的國寶是指日本文部科學省文化廳根據《文化財保護法》，針對具有極高歷史或藝術價值的物質性文化財產（包含「建築與結構」及「藝術與工藝」兩大類）所進行規範的有形文化財。在日本現在被指定為國寶的有形文化財中，約有20%是屬於城郭、寺廟與神社等建築，而松本城則是在平成27年（2015）7月8日成功登錄為日本第五座國寶天守。

基本資料

別名：千鳥城

所在地：島根縣松江市殿町1-5

電話：（0852）21-4030

種類：輪郭連郭複合式平山城

築城者：堀尾忠氏

築城年：慶長16年（1611）

歷代城主：堀尾氏、京極氏、松平氏

遺跡：天守（國寶）、櫓、門、橋

天守閣：複合式望樓型：4重5階地下1階

最近車站：JR松江站

　　與松江城關係最深的武將就是崛尾吉晴，崛尾吉晴雖是豐臣秀吉政權三中老之一（另外兩名則是駒親正與中村一氏），但崛尾吉晴在關原之役與山內一豐一樣選擇效忠東軍的德川家康，因此在戰爭結束後，因為關原之戰擁有戰績而成為出雲領主，並成為月山富田城的城主。受封出雲的堀尾晴吉，從慶長11年開始花了5年的時間進行築城的工作，完工後的松江城天守閣是以望樓樣式而獨立存在的外觀五層，內部六層，高度30公尺的建築物。松江城是少數在關原之役後還是以望樓型結構所建築的天守，且與松本城與熊本城一樣都有黑色下見板張的設計，其牆壁覆蓋以黑色與白色材質的建材，因此都給予給人安定感與厚重武士的風骨感受。而松江城的華頭窗、鬼瓦以及入母屋破風等設計也是桃山風莊重表現手法的建築

代表。松江城的天守閣各層均設有槍眼，地下也有固守城池時使用的水井設施，雖然建於和平時代，卻具有準備實戰的結構。

位於山陰地區的松江城因在2015年被日本指定為日本第五號國寶城郭而熱絡起來，除了松江城外，其實松江地區更重要的旅遊景點是出雲大社。農曆10月在日本被稱為「神無月」，因為日本人認為在這個月，全日本的神都奉命前往到出雲大社，故只有出雲一地是「神在月」，並在農曆10月11日～17日這七天會在出雲大社舉行「神在祭」。有來松江城遊覽的旅客，千萬不要錯過了松江城周邊的出雲大社。

▌松本城被收錄為國寶時的節目錄製

▍松本城被指定為第五號國寶

交通與入城資訊

入城費用（日幣）：大人330、小孩140

開館時間：8:30-18:30（4月-9月）、
　　　　　　8:30-7:00（10月-3月）

休城日：全年無休

交通：JR松江站搭乘一畑巴士在「縣廳前」下車，步行5分鐘

岡山城

仿造安土城結構的天守閣

　　《岡山城誌》一書中記載了：「仿效安土城建築而建造的天守閣，其結構是……」，由於織田信長的安土城是日本城郭天守閣最早出現的完整型式，因此研究安土城天守閣對於近代日本城郭的演進就有十分重要的意義，相對造就了後世人們對於岡山城研究的興趣。現存天守閣中唯一屬於中寬永年間的建築就是位於岡山城表書院遺址西北角的賞月箭樓，目前已經被指定為國家指定重要文化財，但賞月箭樓並非用來賞月，而是用來防衛表書院的防禦工事，箭樓本身也是武器的收納庫，同時具有隱蔽的槍眼（用來射擊時使用）以及投石裝置。

基本資料

別名：烏城、金烏城

所在地：岡山縣岡山市北區丸之內2-3-1

電話：（0852）21-4030

種類：梯郭式平山城

築城者：上神高直

築城年：正平年間（1346-1369）

歷代城主：宇喜多氏、小早川氏、池田氏

遺跡：櫓、石垣、堀

天守閣：合式望樓型4重6階

最近車站：JR岡山站

　　天正元年（1573）宇喜多直家打敗金光宗高後，將其原本的居城（沼城）遷移到現在岡山城的位址，並修築原本金光宗高的城郭，而開始建築現在看到岡山城外觀的則是直家的兒子秀家。秀吉是一位好大喜功的人，因此認為秀家是其養子，所居住的城郭也需要有一定的規模，因此建議秀家修築其居城，並在天正18年（1590）開始修築城郭，後來因為秀吉發動朝鮮戰爭而暫停工事，戰爭結束後才又開始未完成工事，並在慶長2年（1597）完成。關原之役前，岡山城的城主宇喜多秀家與廣島城的城主毛利輝元都是豐臣政權的五大老，同樣也都是120萬石的大名，但是在關原之役代表西軍出戰失敗後，廣島城的毛利被轉封，岡山城的宇喜多秀家更是被家康下命流放到八丈島而結束宇喜多秀家的一生。

　　宇喜多秀家所建築的岡山城高達20.45公尺，外壁用黑漆塗裝（黑色的漆色是秀吉時代的主流），在陽光的照射下會顯現出好像烏鴉濕潤的羽毛顏色，這也是岡山城別名「烏城」的由來。明治時期岡山城被收歸國有，但並未受到妥善的保存，且天守閣與石山門更在二次大戰中遭遇美軍空襲而燒毀，現在的岡山城天守閣是在昭和41年（1966）應當地市民長年強烈的要求而重建的鋼筋水泥建物，雖然天守閣是以鋼筋水泥重建，但是外觀則是完全根據原本岡山城的樣貌來復原。天守台造型為不等邊的五角形，在日本城郭當中只有岡山城屬於此類造型。

┃ 岡山城的夏日祭

▍岡山城登閣風景

交通與入城資訊

入城費用（日幣）：大人300、小孩120

開館時間：9:00-17:30

休城日：12/29-12/31

交通：岡山地面軌道電車東山本線 城下電停站下車

①｜②｜③

車窗城景

由車窗所看到的戰國歷史

　　日本的鐵道相當的發達，且JR更針對外國觀光客提供許多鐵路套票，讓國外的旅客可以用相當優惠的價格使用日本鐵路系統的服務，不論是新幹線（如JR PASS）、區域性的鐵路（如近鐵電車周遊券5日券）或地下鐵（如東京的「東京地鐵24 / 48 / 72小時乘車券」以及大阪的「大阪周遊卡1日券 / 2日券」）等都有套票的服務，當然也有鐵路與城郭一起銷售的套票（如犬山城下町套票）。

　　就城郭的密集程度來說，日本中部與關西仍是日本城郭密度較高的地區，也就是說搭乘火車就可以在車窗上看到城郭的比例當然是以關西與中部的機會較高。若你是搭乘新幹線由大阪往九州的方向出發，那你由新大阪出發後，在車窗沿途可以看到的城郭依序有明石城（兵庫縣明石市）、姬路城（兵庫縣姬路市）、岡山城（岡山市）、福山城（廣島縣福山市）、廣島城（廣島市）、岩國城（山口縣岩國市）、小倉城（北九州市）等。不過想在車窗上看到日本城，首先要注意的就是城郭是在你所搭乘列車前進方向的左邊還是右邊（附帶一提，若你下次由東京搭飛機回台灣時，可以選擇靠近右邊的窗戶，因為在這個方向在天氣好時你可以看到富士山。記得飛機靠窗未必有窗戶，另外靠窗也可能被機翼擋住視線），其次是最好事先在Google地圖上確定好你的位置，好計算經過的時候

① 清洲城　② 明石城　③ 福山城

是何時，方便拍照。

　　相對的，若你由新大阪往東京的方向搭乘新幹線，則沿途依序可以看到彥根城（滋賀縣彥根市）、佐和山城（滋賀縣彥根市）、清洲城（愛知縣清須市）、名古屋城（愛知縣名古屋市）、岡崎城（愛知縣岡崎市）、濱松城（靜岡縣濱松市）、掛川城（靜岡縣掛川市）、駿府城（靜岡縣靜岡市）、小田原城（神奈川縣小田原市）以及江戶城（東京都）。

　　若你是在四國旅遊，則搭乘JR予讚線時，你可以經由車窗看到丸龜城（香川縣丸龜市）以及大洲城（愛媛縣大洲市）；若在名古屋搭高山本線前往高山方向則可以看到岐阜城。對於車窗風景有興趣的讀者可以參考加唐亞紀所寫的《新幹線から見える日本の名城》一書。

佐和山城

岐阜城

熊本城

以清正流巨大石垣自誇的華麗城郭

　　熊本城所在的熊本市位於熊本縣中央，是熊本縣政治和經濟的中心。熊本市的發展可以追朔到17世紀初期，當時做為熊本城的城下町而開始繁榮和發展。熊本城著名的特徵就是高聳與巨大的石牆，與其他城郭最大的不同點就是該城的石牆是越往上面越加傾斜的石垣設計，讓來犯的軍隊想放棄，因此也被稱為「武者返し」。目前的熊本市以熊本城為中心，市內有日本名水百選之一的白川及其數條支流貫通，因而熊本市又被譽為「樹與水之都」。

基本資料

別名：銀杏城

所在地：熊本市本丸1番1號

電話：（096）352-5984

種類：平山城

築城者：加藤清正

築城年：慶長12年（1607）

歷代城主：加藤氏、細川氏

遺跡：宇土櫓、門、石疊、堀

天守閣：三層六階地下一階的鋼筋水泥建築物

最近車站：鹿兒島本線熊本車站

　　熊本城位於日本九州熊本縣熊本市，該城是豐臣秀吉將肥後納入領地後，由秀吉的家臣加藤清正於1607年以室町時代的隈本城為基礎加以改建的，完工當時的熊本城規模相當龐大，前後一共花了7年時間才竣工，共有3座天守閣、29道城門。到了江戶時代，熊本城成為熊本蕃主的居城，當時的官邸面積廣達98萬平方公尺。加藤清正是日本的築城名人之一，名古屋的天守閣也是由他監修完成。不過熊本城的築城者，加藤氏只在此城居住2代，後來因為政治的因素改由細川氏繼任，此後有長達11代均由細川氏治理熊本藩。

　　熊本市的人大都很自豪於熊本城易守難攻的格局，並很驕傲的跟遊客說「熊本城的石牆又陡又直，絕對爬不上去的」。不過諷刺的是，讓世人見識到熊本城是「難攻不落」、「史上最強城郭」的事件卻不是發生在築城者加藤清正原先設想的時代場景，反而是在明治

時代所發生的西南戰爭。所謂的西南戰爭，是指明治維新之後，新政府軍以熊本城為根據地，對抗由西鄉隆盛所帶領的守舊勢力西鄉軍。當時西鄉軍從三方包圍新政府軍所在的熊本城，雖然西鄉軍使用了近代武器進行砲擊，但圍城52日後也只能罷手撤軍。在這場戰役中雖讓人見識到它經得起近代武器攻擊的防禦機能，不過諷刺的是當時加藤清正建築熊本城是為了德川政權，哪知後來居然成為推翻德川政權的新政府軍的陣營，反而讓擁幕的軍隊無功而返。

最初的熊本城是以全木造的49座櫓而聞名，可惜這些建築大多已在1877年的大火中付之一炬，許多重要的文物與建築都已遭到燒毀，日本政府於戰後便將熊本城指定為「國家重要文化財」。重建後的熊本城仍具有許多建築特徵，我們在賞城時不容錯過，如大、小天手閣、南大守門、宇土櫓以及長坪等。雖然原先的天守閣、本丸御殿一帶在西南戰爭開戰的三天前，因不明原因的失火而燒毀，但是在昭和35年（1960）所重建的天守閣仍保留當初天守的特徵，大天手閣為地上六層地下一層的建物，融合了千鳥破風和唐破風的建築風格，由石牆算起高度有30公尺，而小天手則為地上四層地下一層的建物，高度約19公尺，內部陳列有加藤家、細川家等歷代城主的遺物和當時的武器以及西南戰爭的資料。

至於南大守門則是根據熊本城復原計畫於平成14年（2002）所完工的，是熊本城三個正門中最大的（熊本城有北、南與西三個正門）。而宇土櫓則是熊本城以來唯一被保留至今的層塔型望樓建築。宇土櫓為地上五層地下一層的櫓（望樓），以這種規模相對其他城郭而言都可以算是天守閣了。不過當年的熊本城倒是隨處林立著像這樣五層和三層的大型櫓，足以想像熊本城確實是一座難以攻破的巨大城塞。

　　坪井川是熊本城內側的護城河，沿著坪井川有一段長達242公尺的黑白相間的城牆（又稱長牆或長坪），長坪是目前現存城郭中最長的石牆，每年秋天的「城節」上，都會在長坪前面的坪井川河床舉行武田流騎射流鏑馬的表演。熊本城修建後的城牆石垣與自然地貌巧妙結合，完美表現出當初築城者的建築巧思，當賞櫻季節來臨時，熊本城被城外壕牆所盛開的櫻花樹包圍，十分美麗。

　　日本的作家妹尾河童曾因好奇熊本城的石牆是否真有「武者返し」的功能，因此曾經爬過該城的石垣，根據作者描述「站在熊本城的石垣旁，其下面的部分簡直像在引誘攀登一樣，非常平緩好爬，但越往上去，遇到稱為武者返し的懸突設計就窒礙難進了。」這段爬牆的舉動後來警衛發現而被制止，聽說熊本的地方報紙《日日新聞》還有這段報導呢。一般城郭最難防禦的部分就是凹陷的地方，因為與向外突出的牆角比起來，不但容易攀爬而且也有很多死角，為了讓熊本城沒有凹陷的部分，因此在大天守閣左側石牆原先應有的凹陷部分改建為廁所，因此便可以讓凹陷處消失而成為一個突出的建築設計了。不過一般城郭都是用「石落」的設計來避免凹陷的缺陷，熊本城的設計倒是比較少見，這個設計也可以在妹尾河童有關「廁所」的書籍中找到相關的描述，並被作者稱之為熊本城的「空中廁所」。

　　熊本城曾因西南戰爭的一把無名火，將堅強難攻的城郭燒毀，後來天守閣雖然重建了，但是要維護一個城郭所需的經費也不少，因此當你進入小天守閣時，會發現裡面有募款廂，就是熊本市政府希望藉由民間的力量來籌組資金，以便維護熊本城的完整性。只要你捐款一萬日圓以上來協助修復熊本城者，委員會就會將你的名字刻在木牌上，並將刻有名字的牌子掛在小天守閣第一層樓的牆壁四

周。日本許多城郭都有募款的機制來維護這些在地方上具有代表性
的建築古蹟，此作法相當值得我們台灣學習。

　　目前所見之熊本城天守閣是昭和35年（1960）所重建的，雖然
已非當年原貌，但整體佔地的格局仍是十分完整。重建後的熊本
城，其到達天守閣之前的通路仍是相當曲折蜿蜒，用來防止敵人側
面攻擊的構造多隨處可見。而其巨大高聳的石垣，加上天守閣周圍
被大量擁有厚重櫓門的望樓（櫓）所層層圍繞，讓人感覺熊本城內
部似乎是由許多具有小型城郭機能所組合而成的。而熊本城的售票
亭（也有自動售票機），常有工作人員會扮成「足輕」（日本戰國
時代步兵），讓遊客拍照或合照，不過不要去拿人家手上的槍喔，
因為工作人員會因為安全的因素不讓你拿，不過與工作人員一起握
著倒是可以。

　　至於在熊本城東南方的水前寺公園，裏面有從京都桂離宮移建
過來的茶室，有時間的人也不要錯過這個擁有水池與假山的公園。
另外一個景點就是在市民會館、行幸橋前的加藤清正銅像，建議也
去逛逛。

　　雖然我第一次去熊本就是熊本城建城400年紀念的前夕，但可
惜先前為了築城400年紀念所修復的工事全在一場地震中消失。發
生在2016年4月14日晚上21:26的熊本7級強震，並對熊本城造成重大
損害，除了最具代表性的天守閣與屋瓦被震落與損壞外，熊本城的
13棟重要文化遺產及20棟建造物嚴重毀損，包括東十八間櫓、飯田
丸五階櫓等。而擁有2,300年歷史的阿蘇神社，本神社、樓門、拜
殿和三個神殿都受巨大破壞。事後統計發現，熊本城所有石牆中有
517塊石牆坍塌、膨脹和鬆動。在後續維修方面，每塊被震落下來
的石塊都需要進行編碼與比對，再用先前存有的建築資料、歷史照

片等資訊再以軟體進行分析處理後，將每個石塊根據原本的位置進行復原，若已經破損的石塊則需進行修復。光是要拆除和重新修復石牆，每平方米的成本為150萬日元，而總修復成本預估需要354億日元。根據熊本城的官方資訊顯示，為了迎接2020年的東京奧運，熊本城的大天守閣預計將會在2019年10月完成基本的外觀修復，並預計在2019年10月5日起每個星期日開放給民眾參觀。此外，熊本市政府在重建熊本城時，也同時規劃了一座全長350公尺的觀光通道，讓民眾可以近距離觀賞熊本城的全景。根據熊本市官方公開的電腦動畫可以發現，觀光通道是沿著已修復外觀的大天守來興建，該觀光通道預計在2020年春季日本黃金週時完工，雖然觀光通道在2020年黃金週開放時，熊本城石牆仍是崩塌狀態，但這也可以讓我們認知到自然災害對文化遺產的破壞能力，以及人類為了保護文化遺產所做的保存與活化的毅力。

歷史

關原之役後，加藤清正根據諸多實戰的經驗開始進行熊本城的築城規劃，築城的地點則是選擇標高50公尺的茶臼山台地並全面的利用該台地，在慶成12年（1607）完成東面高西面低的堅固城郭。

▎因地震受損的熊本城平御櫓

▎修復中的熊本城天守

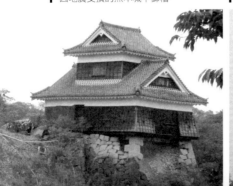

熊本城別名銀杏城，由於加藤清正建造此城時，已經考慮到萬一發生圍城戰時，城內需要有大量的食物供應能力，因此便在城內廣植銀杏，以便日後發生圍城戰時的戰備存糧，甚至連城內鋪床的材質，都可以利用芋莖曬乾來製作。清正在此城進行肥後一丹地區的政治統領工作，不過這樣的情況只維持的兩代45年便結束，之後在寬永9年（1632）由細川氏轉封至此地，直到明治時代來臨前，總共傳了十一代240年。在明治10年（1877）西南一役發生時，熊本城展現了其不落之城的真正價值，從此更增加了熊本城的威名。修築熊本城的慶長時代是日本全國築成的全盛時期，築城技術也有很大的進步。在熊本城中，石牆年代的差異可以在大小天手閣的建築中發現，一般說來比較古老的石牆，其坡度較為緩慢，而坡度較急的石牆則是後來修建時補上去的。現存在熊本城的宇土櫓外的12棟古建物已經被指定為重要的文化財，現在的天守閣是在昭和35年在熊本市所重建的。

交通與入城資訊

入城費用（日幣）：大人500、小孩200

開館時間：08:30-17:00（目前熊本城因地震損毀不
對外開放）

休城日：12/2

交通：從JR熊本站搭乘開往健軍町的市內Ａ系統電車，在「熊本城
前」站下車步行7分鐘

有妙
觀點

　　熊本城與大阪城、名古屋城並列為日本三大名城，或許
會有人感到好奇，姬路城除了是日本現存十二座天守，日本
五座國寶以及被國際組織列為世界文化遺產，擁有這樣的傲
人成績為什麼姬路城並沒有列入三大名城呢？我認為除了日
本三大名城似乎都是復原天守之外，最大的原因就是姬路城
實在擁有太多第一了，若他是三名城，則其他兩座我想也無
法稱之為名城了。熊本位於九州中央的交通要衝，而熊本市
的地標熊本城也算是國人旅遊的重點城郭之一，與大阪城、
名古屋城一樣，想要用一天的時間來認識熊本城幾乎是不可
能的事情，因為他實在太大了。熊本城最大的特徵就是高聳
的石垣、以及許多座大規模的櫓。此外，熊本城不像大阪城
或名古屋城是在大城市的中心，因此到處都有遊客，在瀏覽
的時候很容易與吵雜的觀光客混在一起，難免影響你賞城的
興致，因此也較容易讓你擁有一個寧靜的賞城時光。如果你
有時間，建議你分別在早上與傍晚來熊本城的周圍散步，可
以體會到不同熊本城，尤其是傍晚，你可以看到夕陽映照下
的熊本城反射出金黃色的光輝，隨著夜幕的來到，又可以欣
賞燈光打在熊本城上迷人的夜景。此外，熊本城旁邊的熊本
神社、築城名人清正公像（加藤清正）以及宮本武藏使用過
的武藏井遺跡都是值得你順道去參觀的景點。

唐津城

遠眺唐津灣的美麗城郭

　　唐津城又名舞鶴城，是由豐臣秀吉的家臣，也是第一代唐津藩主寺尺志摩守廣高，於慶長7年（1602）開始修建，並在慶長13年（1608）完成的平山城。唐津城由於地理位置處於河口的關係，是少數能具有一面臨海，一面又被河川環繞的城郭，站在五層五階的天守閣上，能將唐津灣的風光盡收眼底。唐津城的天守閣是以慶長年間的樣貌加以復原重建的，由於造型優美，屋檐宛如有飛舞之神鶴，因而得到舞鶴城的美名。

基本資料

別名：舞鶴城

所在地：左賀縣唐津市東城內8-1

電話：（0955）72-5697

種類：平山城

築城者：寺澤廣高

築城年：慶長13年（1608）

歷代城主：寺澤氏、大久保氏、松平氏、土井氏、水野氏、
　　　　　　小笠原氏

遺跡：本丸、二之丸、三之丸

天守閣：五層五階地下一階的鋼筋水泥建築物

最近車站：筑肥線唐津車站

　　天正18年（1590）統一日本的豐臣秀吉開始進行侵略朝鮮的軍事行動（史稱文祿慶長之役），並以肥前名護屋為基地，建築名護屋城並命令各大名將軍事行動所需的資源集結在名護屋城，當時的名護屋城可以說是僅次於大阪城之外的第二重要的政治與軍事中心。秀吉死後，戰事也為之終止，關之原合戰後確立了德川的政治地位，德川幕府便將名護屋城廢去，而廢城後的名護屋城部分成為建築名古屋城的建材，另一部份則成為唐津城的建材。唐津城地處於九州佐賀縣唐津市（舊地名為肥前國），矗立在唐津平野的松浦川河口、唐津灣旁邊的滿島山，由本丸、二之丸（城主的住所二之丸御殿）、三之丸（藩士們的屋敷）、城下町組成，是一座典型的

平山城。該城建於慶長13年（1608），現在是唐津市的象徵，不過唐津城曾經在明治4年（1871）因廢藩置縣的原因而廢城，其城郭建物均被解體，明治10年（1871）在唐津城舊址成立舞鶴公園，並於昭和41年（1966）修復，復原後的天守閣將當年華麗的容姿以與呈現，是屬於模擬天守。5層樓的天守閣高聳著，看起來既宏偉又壯觀，由天守閣上可將日本三大松原之一的虹之松原及唐津灣上的美景盡收眼底。若把天守閣比喻成鶴的頭的話，則連同其兩側的松原看起來，就好像鶴展翅而飛的姿態，因此唐津城又稱為舞鶴城。

　　由福岡搭乘JR前往唐津城時，其實在搭車的過程你就可以在車窗看到唐津城，因此唐津城也算是由車窗就可以看到的城郭。當你在唐津站下車後，就可以發現唐津城所在的唐津市是一個相當寧靜的小城。由唐津車站前往唐津城用步行的方式就可以了，在唐津車站前面有很清楚的地圖指引你旅遊的路線，當然也不要忘了在車站內拿幾份地圖會更方便。由車站步行前往唐津城的沿途，你會經過唐津神社、時太鼓等景點，而唐津市役所前的外豪，其水質清澈的程度絕對值得你拍張照片留念。唐津城是位於舞鶴公園的中心，根據季節的不同，唐津城會擁有櫻花和紫藤花為背景的美麗城郭。到了唐津城，你就會發現，其面山環川且位於山丘上的唐津城，不論遠觀或近距離接觸，都是一座擁有特殊風情的城郭。如果你懶得走路，你也可選擇花日幣200元搭乘電梯到達天守閣所在的本丸。登上本丸後，日本三大松原之一的「虹之松原」便全然映入眼底，虹之松原目前被指定為國特別名勝，當初是由寺澤廣高在慶長年間所栽植的，共約有100萬株黑松，用來當作防風林。除了虹之松原外，登上唐津城的天守閣還可欣賞優美的唐津灣以及座落在唐津灣中的高島，著名的寶當神社便在高島之上。唐津城的周邊有以櫻花

和紫藤著名的舞鶴公園，樹齡超過100年以上的紫藤超過500株，每年在紫藤花季節時，盛開的紫藤總將舞鶴公園點綴的更加迷人，而在夜晚的唐津城則是在燈光的輝映下別有一番迷人景致。

　　現在提到九州你會想到什麼？博多拉麵？豪斯登堡怪奇旅館（変なホテル是一家位於豪斯登堡的旅館，該旅館以AI機器人來取代人員的服務而著名。比如用恐龍造型與仿真人的機器人來幫你辦理入住手續，餐廳也是機器人幫你製作餐點）？熊本城？還是阿蘇火山？下次你到九州時，位於佐賀縣唐津市的唐津城真的值得你花一個下午去遊覽一下的好地方。

交通與入城資訊

入城費用（日幣）：大人500、小孩250
開館時間：09:00-17:00
休城日：12/29-12/31
交通：唐津車站下車步行15分鐘

有妙
觀點

　　五代中國的魏志倭人傳中曾經記載松浦為末盧國，此地
為日本渡海到隋唐最近的港口，中世為松浦黨、元寇、倭寇
等人活躍的場地到了戰國時代末期，做為豐臣秀吉臣屬的波
多三河守寺澤廣高在文祿4年（1595）成為唐津松浦地區的
領主。秀吉死後，寺澤廣高加入德川陣營的東軍，並在關原
之戰因功績的原因，德川將肥後國天草郡的領地賜給廣高，
因此寺澤廣高便成為領有12萬3千石的外樣大名。慶長7年
（1602），寺澤志摩守廣高在唐津灣的滿島山東側進行人工
運河的挖掘工作，並花了7年的時間在慶長13年（1608）完
成唐津城的建築工作，所用築城材料皆為名護屋城被拆毀後
的材料為主（名護屋城為豐臣秀吉兩次入侵朝鮮時，因軍事
目的所建築的城郭，在秀吉死後便被下令廢）。寺澤廣高之
後，由其兒子寺澤堅高繼任唐津城城主，但德川幕府對於堅
高在島原之亂一事的處理並不滿意，這個遠因造成寺澤堅高
後來在正保4年（1647）於江戶自殺。因為堅高沒有子嗣，
因此唐津城便由譜代大名繼承，分別是大久保、松平、土
井、水野、小笠原氏等。到明治維新前，原先12萬3千石的
唐津藩領地已經減少到6萬石，現在的天守閣是根據寺澤時
代所遺留下來的天守閣遺跡加以重新改建的。

唐津城整修工事

唐津城歷任城主

福岡城

秀吉的天才軍師黑田如水隱居之所

　　福岡是九州的政治與經濟的重心，也是新幹線連結九
州與本島重要的交通中心。福岡城跡就位於福岡市中心舞
鶴公園內，在豐臣秀吉出兵朝鮮的年代，福岡是一個很重
要的軍事據點（不過考慮到地理位置，真正的補給要塞則
是選擇建築在位於福岡附近佐賀縣的名護屋城）。現在的
福岡當然已經感受不到當初秀吉攻打朝鮮時的氛圍，相對
的，福岡給我一個相當平靜卻似乎隱含多元且渾厚的歷史
與文化底蘊，等待著那些有緣的旅客來場跨越時空的交流。

基本資料

別名：舞鶴城、石城

所在地：福岡縣福岡市中央區城舞鶴公園內

種類：梯郭式平山城

築城者：黑田長政

築城年：慶長6年（1601）

歷代城主：黑田氏

遺跡：櫓4棟、門3棟、石垣、堀

天守閣：無

　　喜歡前往日本旅遊的台灣人相信對於九州的福岡不會陌生，如豪斯登堡樂園、九州地獄拉麵等，此外，福岡港以及福岡塔也是許多遊客會前往的景點，但是有多少遊客會注意到福岡市中心就有一個曾經是有秀吉天才軍師黑田官兵衛隱居之城——福岡城呢。福岡城是位於福岡市中心的一座平山城，搭乘地鐵空港線在「赤坂」車站下車，走路五分鐘就可以抵達。福岡城是以三角形的繩張為其特徵，北面靠海、南面依山、東邊則是引進江水的大濠，是一個易守難攻的城郭。據說著名的築城家加藤清正對於當時建築福岡城的工事總監野口一成的石垣技術十分讚許，因此將福岡城稱之為石城。

　　講到福岡城就不可以不提到號稱是與豐臣秀吉天才軍師——黑

田官兵衛如水，該城是由黑田如水的兒子黑田長政所建築，也是晚年黑田長政隱居之所。而黑田長政則是在同屬豐臣秀吉賤岳七本槍的武將中，俸祿最高的。在關原之戰後，原本屬於秀吉直屬麾下的七位武將被分別轉封到各地，其中俸祿最高的前三名分別是黑田長政、加藤清正與池田輝政，除了池田輝政娶了家康的孫女而留在播磨（姬路城城主）外，其他兩名分別是黑田長政與加藤清正，加藤清正轉封到肥後（熊本城城主），而黑田長政則受封筑前，成為福岡城的城主，這三名的俸祿都有52萬石，但是仍以黑田氏以的52萬3千石多出一些而成為豐臣七將俸祿最高的一位。

　　黑田長政在慶長6年（1601）開始修築福岡城，最終完成規模達25萬平方公尺，且擁有47座櫓的城郭。其據傳福岡城的天守台規模相當巨大，與同在九州的日本三大名城熊本城的規模相當，但可惜的是目前福岡城只剩下天守閣。根據正保3年（1646）《福博惣繪圖》有關福岡城的最早畫中也無天守的描繪。至於是否曾經建築天守閣則沒有獲得文獻或歷史記載的確認，因此有人認為福岡城與伊達政宗所建築的仙台城一樣，為了避免德川幕府的猜忌而未建有天守閣。但根據最新的史料發現元和6年（1620）豐前國小倉藩主細川忠興在寫給三男的忠利的書信中，有「黑田長政因擔心幕府的猜忌而將天守拆除」，説明福岡城可能是有天守的存在。由於天守閣對於一個地方的文化復興與地方創生有著重要的影響，因此福岡市政府也正在考慮是否重新建築福岡天守的可能。

　　其實在江戶時代（1603-1867），福岡城可以説是九州地區最大的城郭，但在明治維新時因為當時政府不想留下任何與幕府有關的

事物，因此福岡城幾乎被破壞殆盡，而福岡城過去聞名的為數眾多的櫓也只剩下二之丸多聞櫓以及潮見櫓。其中，多聞櫓及二丸的南隅櫓是日本重要文化財，至於潮見櫓、祈念櫓、大手門以及母里太兵衛邸長屋門等已經被指定為福岡縣的重要文化財。下次漫步在舞鶴公園的福岡城跡時一定要去看看已經列入日本重要文化財的多聞櫓及二丸的南隅櫓。

　　福岡對我來說也有幾個趣事，首先是我還在博士班時第一次參加國際研討會就是在福岡，會議結束後就搭新幹線前往東京找我的朋友世羅由樹，原本以為可以沿途欣賞車窗風景，沒想到就一路睡到東京，什麼也沒看到。另一個經驗是有另一次在福岡開會，吃完拉麵後忘了帶走我的單眼相機，回到台灣才發現，幸好我打電話給我住宿的旅館說明我的情況後，旅館的服務員幫我去拉麵店找還居然找到，並幫我寄到東京明治大學的老師那邊，等我下次去東京時再拿回我的相機（若沒有拿回來，這次福岡城的頁面就沒照片了）。第三個經驗是有次我要體驗由北海道函館搭新幹線到九州，體驗一日縱走日本，但是當時在趕國家圖書館一個自動化物流中心規劃案，在新幹線上都在寫計畫，到了九州下車後居然忘了帶走我的筆電充電器，只好下車後趁Big Camrea還沒關門時先去買一個新充電器在去旅館。

　　每年3月下旬到4月上旬可以說是造訪福岡城最好的時間，沿著福岡城周圍的行人步道，其兩旁種有櫻花樹，讓遊客可以可以賞櫻，也可以體驗福岡市給人另一個很風雅的氛圍。福岡市晚上有相當熱鬧的屋台（夜市），白天早上，則可以到福岡城體會一下400

年前九州最大的城郭，站上現在保留下來的高大天守台，可以遠望福岡塔，來到福岡，可千萬別錯過黑田如水這個天才型軍師最後的隱居之所。

交通與入城資訊

入城費用（日幣）：免費

開館時間：09:00-17:00

休城日：12/29-1/3

交通：市營地下鐵赤坂站下車後徒步約8分鐘

▎上：福岡城物語
　下：福岡城天守台

小倉城

北九州南蠻造型的風雅天守

小倉城又名勝山城、勝野城、指月城、湧金城、鯉之城，位於福岡縣北九州市小倉北區，是北九州市的著名觀光景點。小倉城的天守閣外觀是唐式構造，質樸而豪爽，而繩張範圍是由毛利勝信於1587年所制訂的，至於南蠻造風格的天守則是由細川忠興所建造。不過細川忠興在寬永9年（1632）轉封到熊本後，小倉城就成為小笠原氏15萬石的居城。小倉城天守閣在1866年因天災燒毀，現在的小倉城則是在昭和34年（1959）再建的鋼筋水泥建築物。

基本資料

別名：勝山城、指月城

所在地：北九州市小倉區域內2番1號

電話：（093）561-1210

種類：平城

築城者：細川忠興

築城年：慶長7年（1602）

歷代城主：細川氏、小笠原氏

遺跡：石垣、堀

天守閣：四層五階的鋼筋水泥建築物

最近車站：JR小倉車站

　　北九州市是九州的玄關，北九州市是由門司市、小倉市、戶畑市、若松市、八幡市等五個城市所合併的，當初取名時「西京市」的票數最高，但是考慮到若以「京」這個漢字來命名需要與日本天皇有所關聯，所以後來才以第二名的「北九州市」來命名。雖然北九州市與福岡同屬北九州重要的都市，但對我來說，北九州市一直給我一個風雅的感覺。走出小倉車站可以看到高架設計的鐵道系統、車站周邊的建築物也都別具特色（如麥當勞的招牌也經過特別的設計）。而由車站散步到小倉城前，會經過北九州河畔步行街，而屬於現代建築的購物中心──リバーウォーク北九州（Riverwalk北九州）與歷史建築小倉城共同存在一個空間，不但沒有突兀的感覺，反而給予人一股莫名協調與風雅的感受。

　　面對關門海峽的小倉城，是北九州市陸地和海上交通重要的樞紐，最早的築城者可以追朔到毛利勝信，而細川忠興在慶長5年

（1600）以40萬石的身份入主後，便在慶長7年（1602）開始大規模的築城工事。從1632年小笠原忠真開始緒治小倉城。一直到明治時代，經過10代約230年的時間，這裏一直是小笠原一族的居城。1866年因發生慶應丙寅之變，小倉城被燒毀，失去了榮華，現在的小倉城是1959年重建而成。

小倉城是以本丸為城中心的梯郭式平城，外圍有松丸與北之丸，然後依序有二之丸和三之丸及其外郭，早期小倉城共有12座櫓門、16個二重櫓、117個平櫓及以及3,271個狹間。在天守閣的結構方面，小倉城天守為四層五階的連結式層塔型建築，而早期南蠻造型的天守則使用「外迴緣」的設計來增加天守牆壁、地板與欄杆的美感，南蠻造型的設計除了美觀外，還可以讓天守實際的層數由外面來看會有低估的效果，由於德川家康開創江戶幕府後，據信當時許多的大名為了避免幕府的猜忌而喜歡採用此風格的設計。

現在小倉城的天守為四重五階的連結式塔層形天守（大天守旁邊連結一個一重的小天守），入口處有日本傳統的長椅跟紅傘，並有景點常見的人力車，這些設計讓小倉城有一部分像倉敷，也有一部份像長濱城，也有一小部分像岡山。原本小倉城所保留的建築物多半只剩下石垣及堀，而南蠻造型的天守閣則是在天保8年（1837）因火災而燒毀（包含御殿），現在所見的小倉城天守是在1950年代由藤岡通夫根據《小倉城繪卷》、《豐前小倉御天守記》以及《延享三年巡見上使御答書》等資料進行考證與設計，並加上入母屋破風、千鳥破風與唐破風等各式破風，用鋼筋混凝土所建的復原天守。由現在小倉城的外觀來看，可以發現小倉城的天守是四重五層的天守以及一重的小天守，是一個連結式塔層形天守。天守最上層為入母屋的設計，並搭配有唐破風的設計，然後也有利用外

迴緣來進行裝飾，有外迴緣設計的城郭多半常見於江戶時期的城郭。所謂的外迴緣是指設計於天守牆壁外側的地板和欄杆。一般來說，唐破風相較於常見的千鳥破風可以讓整個天守感覺比較小，一方面這樣的觀感可以比較不會讓德川幕府有猜忌同時也不會影響到天守內部的空間規劃。不過小倉城天守在底層仍用常見的千鳥破風的設計來增加整體城郭的美感。

由小倉車站南口到小倉城散步約15分鐘即可到達，途中會經過旦過市場與八坂神社（やさかじんじゃ），在登上小倉城天守閣最上層時也可以欣賞到八坂神社的全貌。據說日本全國共有約3,000多間的八坂神社，其總本社建於656年。由於本社位於京都的祇園，因此八坂神社又稱為祇園神社，此外，總本社每年所舉辦的祇園祭為日本三大祭典之一。八坂神社是祭祀日本神話中的素戔嗚尊、八柱神子神與奇稻田姬命，在能劇舞台中出現的戲碼就是素戔嗚尊砍大蛇的故事。

目前城內一樓為展示小倉城歷史與紀念品銷售，二樓與三樓則是小倉城體驗與民藝資料館，五樓則是展望台，城的附近則有八阪神社與勝山公園。小倉城旁邊的松本清張紀念館則是喜歡推理小說值得參訪的一個地方，松本清張（1909.12.21-1992.8.4）擅長使用推理小說的敍事手法來探索犯罪的社會根源，其作品除了揭露社會的矛盾和惡習外，也反映現今人們內心深處存在的苦惱與矛盾。

交通與入城資訊

入城費用（日幣）：大人350、小孩200
開館時間：09:00-18:00
休城日：無
交通：小倉車站下車步行約20分鐘

首里城

象徵沖繩歷史的文化之城！
但，是屬於日本城郭嗎？

　　首里城建築在一塊高約120公尺的石灰岩台地上，東
西長約350公尺，南北約200公尺。首里城正殿是琉球最大
的建築物，共分有三層，正殿中央上方有唐破風的設計。
正殿第一層內部有清朝康熙皇帝所為所賜的牌匾，寫著
「中山世土」四字。正殿所用的基石來自中國的大青石，
正殿上方的裝飾有龍造型的神獸，但是該龍只有四爪，用
來表示不是要與中國皇帝平行的五爪龍。首里城的建築外
觀如屋脊、柱頭、石獅等，都是參考中國建築而來，嚴格
說來，名列日本百名城的首里城並不屬於日本城郭。

基本資料

別名：百浦添、御百浦添、御城

所在地：沖繩縣那霸市首里金城町1-2　首里城公園

種類：山城

築城者：尚巴志

築城年：14世紀末（推定）

歷代城主：第一尚氏、第二尚氏

遺跡：石門、石垣

天守閣：無

最近車站：沖繩單軌電車首里站

　　首里城明確的建築時代據推定可能是在11世紀到14世紀這段時間，1426年尚巴志統一三山、建立琉球國後，便以首里城為王城，之後的第二尚氏王朝亦以此為都城，國王尚真更擴建首里城，讓首里城在此後的450餘年成為琉球政治、經濟、文化與對外貿易的中心。任何一個地方要連續四百多年成為某個國家的中心是多麼不容易的事，因為美國自1776年建國以來，到現在也才200多年的歷史。可惜琉球王國在1879年遭到日本吞併，之後的首里市議會甚至曾通過要拆除首里城正殿的決議，幸好經過伊東忠太與鎌倉芳太郎向日本文部省溝通後才得以保存下來。

　　台灣到琉球除了搭飛機外，郵輪也是一個常見的交通工具，郵輪與飛機雖然都是交通工具，但是郵輪更常被旅客視為旅遊的目

首里城的防火獸，與日本城郭屋頂上的　歡會門
鯱（しゃち）完全不同

的。若你是搭乘郵輪到沖繩的那霸港，是可以體驗搭乘單軌電車
前往首里城。下車後會先經過琉球的國門-中山門。經過中山門後
就抵達第二道正門──守禮門，守禮門是屬於中國風格的牌樓式
建築，門上牌匾題額的「守禮之邦」四個字是取自明朝萬曆皇帝
冊封琉球國王尚寧詔書中的所述及的「惟爾琉球國，遠處海濱，
恪遵聲教，世修職貢，足稱守禮之邦」。搭乘郵輪前往琉球旅遊
的好處就是購物，因為搭乘郵輪購物不會像搭乘飛機有行李重量
與大小的嚴格限制。

　　由首里城推斷的築城日與琉球的歷史就知道首里城不屬於日
本城郭的定義，但在琉球在1872年至1879年期間被大日本帝國廢除

修復中的首里城

並吞併琉球國，並設置沖繩縣，琉球歷史的後續發展相信是琉球第
二尚氏王朝所無法預期的結果。首里城曾因為日本發動第二次世界
大戰而被牽連，並在1945年3月29日受到美國海軍「密西西比」號
戰艦開火炮轟而全毀，後來雖然日本政府將首里城進行全面的修
復，首里城跡（不含修復部分）更在2000年被聯合國教科文組織列
為世界文化遺產，但可惜首里城在2019年10月31日凌晨2時左右不
幸發生火災，造成七棟建築全毀，燒毀面積估計在4,200-4,800平方
米，而遭受燒毀的重要文物中，多半都是屬於中國明朝、或清朝政
府贈與當時琉球王國的珍貴文物。

交通與入城資訊

入城費用（日幣）：大人820、小孩620
開館時間：8:30-19:00（4月-6月以及10月-11月）、
　　　　　　 8:30-20:00（7月-9月）、
　　　　　　 8:30-18:00（12月-3月）

休城日：7月第1個週三及其隔天
交通：除了搭乘沖繩單軌電車在首里站下車外，也可以搭市內線（1、
　　　　 14、17）號或市外線（46）號公車於「首里城公園入口」公車
　　　　 站下車

後記

　　為了迎接2020年7月在東京舉行的奧運，在2016年開始日本各地的城郭都進行了規模程度不一的整修工事，如2008年就開始整修的熊本城、彥根城，之後進行平成大修理的姬路城，到近年的唐津城、濱松城、弘前城與首里城。可惜與所有的人造建築物一樣，日本城郭終究亦逃離不了自然災害的侵襲，如2016年（平成28年）4月14日21時26分發生的熊本地震對熊本城造成巨大的損害，以及2019年（令和元年）10月31日凌晨2時首里城發生的火災對首里城造成全毀的命運。在日本，對於文化財「保護」的意思是同時保有「保存」與「活用」兩個層面，雖然人類的能力無法抗拒天災對人造物所造成的毀滅，但是人類有能力盡量做到事情預防與事後修復。

　　我們常說一個國家落後，通常是指該國家的經濟落後，但與其說是經濟落後，更可能的情況是教育落後，因為教育落後表示該國的政府不相信閱讀可以改變世界。在人工智慧開始發展的現在（2019年），人類更應該思考與珍惜人類自身的存在，我們擁有的文化與感情，是人工智慧所無法理解與達到的（至少在現在的AI技術與未來猜想的AI可能）。

　　在我完成第一本城郭的書後，就知道有關城郭的書，我不會只寫一本，但我沒猜到的是，這第二本城郭的書居然與上一本距離十年之久。我自己也常問自己，最喜歡哪座日本城郭？這個答案曾經

有犬山城、名古屋城、姬路城等，但名列天空之城的備中松山城卻
讓我有另一層個感受，備中松山城的安靜與不可接近性，讓備中松
山城已經我在心中佔有不可或缺的地位。這本有關日本城郭的書，
雖然是我的第二本，但是不會是最後一本。僅以這本城郭的書紀念
我的曾祖父黃有妙以及祖父黃水旺先生。最後，我也期待能以此書
介紹日本在文化財方面的保存努力與作法給我國對日本城郭有興趣
的讀者參考。

2019年11月於　宜蘭

①	②
③	④

① 春-大阪城　② 夏-富山城　③ 秋-金澤城　④ 冬-橫手城

釀旅人45　PE0165

 日本名城巡禮
　　　——重返戰國風華，建築×歷史×文化×旅遊

作　　　者	黃昱凱
責任編輯	鄭夏華
圖文排版	林宛榆
封面設計	蔡瑋筠

出版策劃	釀出版
製作發行	秀威資訊科技股份有限公司
	114 台北市內湖區瑞光路76巷65號1樓
	電話：+886-2-2796-3638　傳真：+886-2-2796-1377
	服務信箱：service@showwe.com.tw
	http://www.showwe.com.tw
郵政劃撥	19563868　戶名：秀威資訊科技股份有限公司
展售門市	國家書店【松江門市】
	104 台北市中山區松江路209號1樓
	電話：+886-2-2518-0207　傳真：+886-2-2518-0778
網路訂購	秀威網路書店：https://store.showwe.tw
	國家網路書店：https://www.govbooks.com.tw
法律顧問	毛國樑　律師
總 經 銷	聯合發行股份有限公司
	231新北市新店區寶橋路235巷6弄6號4F
	電話：+886-2-2917-8022　傳真：+886-2-2915-6275

出版日期	2020年1月　BOD一版
定　　　價	440元

國家圖書館出版品預行編目

日本名城巡禮：重返戰國風華,建築X歷史X文化
X旅遊 / 黃昱凱著. -- 一版. -- 臺北市：釀出版,
2020.01
　　面；　公分. -- (釀旅人 ; 45)
BOD版
ISBN 978-986-445-369-6(平裝)

1.旅遊 2.古城 3.日本

731.9   108020457

讀者回函卡

感謝您購買本書，為提升服務品質，請填妥以下資料，將讀者回函卡直接寄回或傳真本公司，收到您的寶貴意見後，我們會收藏記錄及檢討，謝謝！如您需要了解本公司最新出版書目、購書優惠或企劃活動，歡迎您上網查詢或下載相關資料：http:// www.showwe.com.tw

您購買的書名：_____

出生日期：_____年_____月_____日

學歷：□高中 (含) 以下　　□大專　　□研究所 (含) 以上

職業：□製造業　□金融業　□資訊業　□軍警　□傳播業　□自由業
　　　□服務業　□公務員　□教職　　□學生　□家管　　□其它_____

購書地點：□網路書店　□實體書店　□書展　□郵購　□贈閱　□其他

您從何得知本書的消息？

　　□網路書店　□實體書店　□網路搜尋　□電子報　□書訊　□雜誌

　　□傳播媒體　□親友推薦　□網站推薦　□部落格　□其他_____

您對本書的評價：(請填代號　1.非常滿意　2.滿意　3.尚可　4.再改進)

　　封面設計____　版面編排____　內容____　文／譯筆____　價格____

讀完書後您覺得：

　　□很有收穫　□有收穫　□收穫不多　□沒收穫

對我們的建議：_____

_____

_____

_____

11466
台北市內湖區瑞光路 76 巷 65 號 1 樓

秀威資訊科技股份有限公司　　　收

BOD 數位出版事業部

....

（請沿線對折寄回，謝謝！）

姓　　名：＿＿＿＿＿＿＿＿＿＿　年齡：＿＿＿＿　性別：□女　□男

郵遞區號：□□□□□

地　　址：＿＿＿＿＿＿＿＿＿＿＿＿＿＿＿＿＿＿＿＿＿＿

聯絡電話：(日) ＿＿＿＿＿＿＿＿＿　(夜) ＿＿＿＿＿＿＿＿＿

E-mail：＿＿＿＿＿＿＿＿＿＿＿＿＿＿＿＿＿＿＿＿＿＿